I0481238

COLTIVARE CANNABIS

La guida completa sulla coltivazione della marijuana Indoor e Outdoor.

Impara i segreti per coltivare marijuana con maestria e ottenere cime potenti e rigogliose.

Leonardo Rivera

INTRODUZIONE

Prima di iniziare a leggere questa guida devi sapere che è stata scritta da un millennial esperto, che ad oggi coltiva cannabis di prim'ordine sia per uso personale che per le industrie, dove questo è possibile per le leggi vigenti. Questa guida, informativa e dettagliata, ti permetterà di evitare l'acquisto di cannabis dal mercato nero, guadagnandoci in denaro e qualità, cominciando a coltivarla da solo. Verranno descritti i passaggi fondamentali per la coltivazione di marijuana di alta qualità, sia Indoor che Outdoor. Grazie a questo libro, potrai iniziare a coltivare la tua Cannabis personale senza errori e potrai godere di un raccolto eccezionale, da far invidia a chiunque.

Un'altra cosa molto importante da sapere è che tutto quello che imparerai dovrà essere fatto nel rispetto della legge vigente nel tuo Paese e che l'autore di questo libro NON è in alcun modo responsabile per un uso erroneo e contro la legge delle tecniche presenti all'interno di questa guida.

Informati molto bene sulla legge vigente in questo momento in Italia, prima di iniziare la tua coltivazione di marijuana.

Guida alla lettura

Il libro toccherà tutti gli argomenti essenziali che devi conoscere per massimizzare il tuo investimento, anche se non hai molti soldi a disposizione. Dalla storia della marijuana alle tecniche più avanzate di coltivazione Indoor e Outdoor. Grazie ai miei consigli, potrai iniziare a coltivare le tue piante ovunque tu possa, tenendo conto, tuttavia, che la location non può essere improvvisata perché deve rispettare determinati requisiti.

Ma quanto costa iniziare a coltivare marijuana in autonomia?

Beh, dipende, come potrai immaginare, da tantissimi fattori: indoor, outdoor, quante piante, che kit usi, ecc.

Posso però dirti che, se vuoi fare le cose fatte bene, il minimo investimento da considerare per coltivare 3,4 piante per uso personale è di circa 300 euro. Costo suddiviso in: scelta e acquisto dei semi giusti, piantagione, strumenti di base, essicazione e fertilizzanti.

Al pari di questa spesa, per il quantitativo che raccoglierai con 3,4 piante rischieresti di spendere circa 1500 euro dal mercato nero per una qualità nettamente inferiore.

Diverso è se devi coltivare cannabis a livello industriale e/o per quantitativi importanti. In questo caso i costi aumentano esponenzialmente.

Troverai tutte le informazioni che ti servono nel libro.

E adesso… Buona lettura!

© Copyright 2021 by Leonardo Rivera
Tutti i diritti riservati.

Il presente documento si prefigge di fornire informazioni precise e affidabili in merito all'argomento e alla questione trattata. La pubblicazione viene venduta con l'idea che l'editore non è tenuto a fornire servizi contabili, ufficialmente permessi, o comunque qualificati. Se è necessaria una consulenza, legale o professionale, è necessario rivolgersi a una persona che esercita la professione.

Da una Dichiarazione di Principi che è stata accettata e approvata sia dall'Ordine degli Avvocati Americani che da un Comitato degli Editori e delle Associazioni.

Non è in alcun modo legale riprodurre, duplicare o trasmettere alcuna parte di questo documento in formato elettronico o cartaceo. La riproduzione di questa pubblicazione è strettamente proibita e non è consentita la conservazione di questo documento se non con il permesso scritto dell'editore. Tutti i diritti riservati.

Si dichiara che le informazioni fornite nel presente documento sono veritiere e coerenti; ogni responsabilità, in termini di disattenzione o altro, per l'uso o l'abuso di qualsiasi politica, processo o indicazione contenuta nel presente documento è di esclusiva e assoluta responsabilità del lettore. In nessun caso sarà ritenuta alcuna responsabilità legale o colpa nei confronti dell'editore per qualsiasi risarcimento, danno o perdita monetaria dovuta alle informazioni qui contenute, direttamente o indirettamente.

I singoli autori sono proprietari di tutti i diritti d'autore non detenuti dall'editore.

Le informazioni qui contenute sono offerte esclusivamente a scopo informativo e sono destinate a tutti. La presentazione delle informazioni è senza contratto o garanzia di alcun tipo.

I marchi utilizzati sono senza alcun riconoscimento, e la pubblicazione del marchio è senza il patrocinio o l'appoggio del proprietario del marchio. Tutti i marchi all'interno di questo libro hanno solamente uno scopo chiarificatore e appartengono ai proprietari stessi, non affiliati a questo documento.

INDICE

1

UNA BREVE STORIA DELLA CANNABIS
E I SUOI BENEFICI MEDICINALI

1.1. Breve Storia della Cannabis

Nel 2012, dopo 75 anni di diniego, il Colorado e lo Stato di Washington hanno autorizzato l'uso ricreativo della marijuana, seguiti gradualmente da vari altri Stati. Molto prima del divieto, e molto prima degli Stati Uniti, la cannabis era prodotta e utilizzata, prova ne sono le opere d'arte del The Cave in Giappone e il suo uso nelle funzioni di internamento nell'antica Cina. Sembra che la nostra relazione con la marijuana sia iniziata con l'arrivo della nostra specie e forse persino prima (a questo riguardo il nostro sistema endocannabinoide ne è un segno). Se da una parte abbiamo dati molto limitati rispetto all'impiego della cannabis nei millenni passati, dall'altra esistono numerose prove dell'importanza che essa ha ricoperto in tutte le società, sia dal punto di vista medico che spirituale e materiale. Questo è il passato sconosciuto di una delle piante più flessibili mai scoperte.

Il primo riferimento materiale che abbiamo alla cannabis si trova in Materia Medica, testo cinese scritto da Shennong nel 2800 a.C.

La copia più precisa di questo libro risale circa al 50 a.C. Shennong è una figura straordinaria nella cultura cinese e, in alcune sezioni della raccolta "The Three Kings" chiamate "The Heavenly Rulers", emerge come, durante il suo regno in Cina, abbia progettato metodi di irrigazione e agricoltura, utensili come l'accetta, la zappa, l'aratro, dedicandosi, al contempo, all'agopuntura e alla medicina cinese. Si narra che mordesse spesso diversi tipi di steli per sperimentarne gli effetti sul corpo umano. Fu Shennong a scoprire le proprietà terapeutiche della cannabis, dichiarando che fosse utile per disturbi di gotta e intestinali e per altre cento patologie.

Prima di Shennong, la pianta che i cinesi chiamavano "mama" era stata utilizzata per lungo tempo per creare, grazie alle sue fibre, materiali come carta e corda, e persino ceramiche. I cinesi, continuando a studiare i benefici della cannabis, intuirono che fosse formidabile nel trattamento di diverse malattie come l'ansia e le infezioni. È in gran parte accettato che fosse utilizzata nelle pratiche di moxibustione e nell'agopuntura e, occasionalmente, sostituita dall'artemisia.

Intorno al 200 d.C., fu Hua Tao, nella sua attività di medico, a utilizzarne le proprietà sedative. Ciò accadeva circa 1600 anni prima che tali proprietà venissero scoperte in Occidente. La bevanda creata da Hua Tao, chiamata Ma Fie San, era fatta da una miscela di cannabis e vari altri ingredienti come stramonio, oppio e datura. La cannabis era una delle 50 principali spezie della classica medicazione cinese. Al giorno d'oggi, tuttavia, quando si parla del "Ma", si tende a fare esclusivo riferimento ai semi di canapa non psicoattivi presenti nella bevanda.

Gli antichi cinesi sicuramente tessevano le lodi della cannabis. Ne "Il Libro dei Documenti", la sezione "Il Libro dei Riti" ha uno specifico verso che si riferisce alle rigorose pratiche cerimoniali dello sciamanesimo cinese, delle sue controparti e dei suoi progenitori. "Ma" viene citata in varie occasioni in ognuna di queste raccolte. Forse altrettanto intrigante è la sua regolare associazione con le funzioni di internamento durante questo periodo. Si dice che la cannabis è stata scoperta in colline tombali a Kurgan, in Siberia e in Cina, risalenti a circa il 3000 a.C. Quasi un chilo di boccioli sono stati trovati nella tomba di quello che è considerato lo sciamano Reale nella Cina dell'era di Xinjiang.

In ogni caso, attraverso un sistema di rotte di navigazione, la marijuana ha trovato la sua strada intorno al mondo antico, giungendo in varie società contemporaneamente e determinandone una crescita della prominenza come punto fermo della dieta, medicazione e persino nella creazione di abiti.

La Cina divenne nota per la sua canapa e il suo gelso.
I gelsi sono ricchi di proteine, ferro, nutrienti e
minerali proprio come la cannabis.

Quindi non è una sorpresa che ci si riferisca a entrambe (canapa e gelso) in modo analogo. Nonostante gli scritti più antichi sulla cannabis trovino origine in Cina, è risaputo che essa è stata trovata nel mondo antico nei terreni lungo i corsi d'acqua: lungo le rive di fiumi straordinari come il Fiume Giallo in Cina, il Tigri e l'Eufrate in Mesopotamia, l'Indo in India, e forse persino il Nilo in Egitto. Col progresso umano e col crescere dell'informazione, sebbene confusa, si è diffusa la conoscenza sulle proprietà ristorative e psicoattive della cannabis. Alcune prove si concentrano sulle tribù nomadi dell'Asia centrale, come per esempio gli Yamnaya, che sono anche stati responsabili della creazione delle colline tombali dell'area di Kurgan. Gli storici accettano che questi raduni ancestrali nell'area del Caucaso abbiano aiutato a spingere gli scambi tra Asia e Europa, molto tempo prima che la Via della Seta diffondesse l'addomesticamento dei cavalli da ruota. La cannabis, o bhang com'è chiamata in India, è citata nel quarto Veda come una delle cinque piante sacre.

Al Dio indiano Shiva si allude occasionalmente come Signore del bhang.

Ci sono alcune leggende che associano Shiva alla cannabis: dal suo contributo alla creazione e alla sua assistenza nel decontaminare l'amrita (miscela di vita) fino *al suo scuoterla da un oceano di latte insieme alla reliquia sacra e alla luna.* Una di queste leggende vede Shiva partire per le montagne in seguito a una lite con la famiglia. Continuando a salire, stanco sotto i raggi soffocanti del Sole, si appisolò sotto una composizione floreale. Quando si svegliò, si accorse dell'aroma, del profumo della pianta, e decise di assaggiarne le foglie. Ripresosi, Shiva raccolse questa ganja, ora il suo cibo preferito, per riportarlo all'uomo insieme alla pratica dello yoga, un manuale guida per usare in maniera efficace questa spezia sacra. Quindi i seguaci di Shiva, nonostante tutto, hanno continuato a consumare bhang, ganja e charas, tre varietà di cannabis ad oggi esistenti. Essa viene consumata perlopiù sotto forma di bhang lassi, una bibita simile al mango lassi conosciuta in alcune zone occidentali. Questa bevanda è specialmente utilizzata durante, per esempio, le festività sacre e lo Shivratri, la celebrazione di Shiva. E persino nei distretti in cui è illegale, durante questi particolari festival si fa un'eccezione e se ne concede il consumo.

1.2. Benefici Medicinali

Un sempre più ampio numero di pazienti usa ormai la cannabis per ragioni cliniche. Di seguito un elenco di alcuni dei possibili ruoli terapeutici della cannabis medicinale.

La cannabis medicinale è utile dal punto di vista dei costi-benefici per il trattamento di dolori neuropatici cronici.

- La cannabis medicinale è utile dal punto di vista dei costi-benefici per il trattamento di dolori neuropatici cronici.
- L'uso responsabile della cannabis nel regime medico standard può essere particolarmente utile a pazienti con dolori neuropatici cronici.
- L'inalazione è il metodo di utilizzo più comune, con una più veloce biodisponibilità, che permette ai pazienti di frazionare la dose tramite molteplici fumate. Delle due scelte di inalazione, la vaporizzazione è la più sicura e ha minori effetti collaterali nei pazienti che necessitano di soluzioni veloci e in un periodo più breve.
- Orale: l'uso di cannabinoidi per via orale offre una durata più lunga e una biodisponibilità più lenta rispetto all'inalazione, rendendo il frazionamento più difficile per i pazienti che si sforzano di ottenere gli effetti ricercati.

- I cannabinoidi assunti per via orale possono essere presi sotto forma di pillole o mescolati al cibo, per esempio spalmati, come oli, o come tè.

- La cannabis può essere una valida scelta per persone che necessitano di sollievo da sintomi, per esempio dal dolore cronico, artrite, disordini del movimento e disordini psichiatrici selettivi. Non c'è nessuna prova certa che la cannabis aiuti nel trattamento di disturbi mentali. Gli studi sugli effetti della cannabis per il trattamento di ansia acuta, schizofrenia, e disturbo post-traumatico da stress (PTSD), sono ancora agli inizi, e la cannabis al momento non può essere considerata un trattamento standard per nessun disturbo psicologico.

- Oromocusale: i cannabinoidi ad uso oromocusale (tinture) offrono un buon compromesso tra la rapidità d'azione e la durata della biodisponibilità, al contrario dell'inalazione e dell'uso orale. I cannabinoidi ad uso oromocusale sono consigliati nei casi di spasticità negli adulti con sclerosi multipla (SM), ma può essere una valida alternativa anche per pazienti che necessitano di soluzioni veloci e più durature, per esempio per dolori neuropatici.

- Rettale: l'uso di cannabinoidi per via rettale, per quanto nuovo, si è dimostrato adeguato in pazienti con malattie che prevedono chemioterapia ed emesi. Il THC-emisuccinato, un profarmaco, viene somministrato al posto del Δ9-THC perché viene immediatamente assorbito, avendo una biodisponibilità più elevata della somministrazione orale. Sebbene le formulazioni rettali siano, per ora, inaccessibili, potrebbero in futuro fare al caso di pazienti che mal tollerano le prescrizioni orali, come i bambini, per uso palliativo e per pazienti non in grado di assumere farmaci per via orale o inalazioni.

- Topico: i cannabinoidi a somministrazione topica sono considerati un trattamento per il glaucoma. In ogni caso, per via della sua alta lipofilia, il trasporto di Δ9-THC attraverso gli strati acquosi del corpo riduce il tasso di avanzamento. Eppure il glaucoma può essere sconfitto usando il profarmaco Δ9-THC, che porterà a una percezione aumentata della vista diminuendo la pressione intraoculare.

Altri usi medicinali della cannabis, a vari livelli di ricerca, risultano utili per il trattamento di:

- sclerosi multipla;
- disturbi del movimento;
- morbo di Parkinson;
- sindrome di Tourette;
- disturbi gastrointestinali (GI);
- disturbo del colon irritabile;
- anoressia;
- nausea e vomito;
- dolore;
- dolore acuto;
- dolore neuropatico cronico;
- dolore non connesso al cancro;
- dolore connesso al cancro;
- mal di testa.

1.3. Considerazioni

Anche se ci sono delle indicazioni incoraggianti sull'utilizzo della Cannabis Medicinale nel trattamento di alcune delle condizioni sopracitate, bisogna considerare con cautela la storia del paziente nonché le specifiche tipologie di pazienti e la fase della malattia.

" Dopo molte lesioni e operazioni chirurgiche alla spina dorsale, la cannabis ha aiutato Katie a vivere appieno e a non rimanere intrappolata nel dolore. Coltiva (legalmente) e supporta attivamente la comunità della cannabis, e lo fa sempre con un sorriso."

Inoltre:

- Salute mentale;
- Schizofrenia;
- Cognizione;
- disturbo post-traumatico da stress;
- cannabis e gravidanza.

Fumare cannabis durante la gravidanza non ha nessun impatto immediato sulla salute della madre, né problematiche post-parto; comunque sia, la maggiore carenza di ferro nella madre è stata presa in considerazione. Dal momento che l'uso della cannabis durante la gravidanza influisce notevolmente sull'umore in età giovanile, i medici dovrebbero chiaramente dissuadere dall'uso ricreativo durante la gravidanza. Le donne in gravidanza che non vogliono o non possono interrompere l'uso di cannabis dovrebbero essere esortate a fornirsene presso fonti approvate, lì dove le misure specifiche per l'uso della cannabis possono essere controllate.

1.4. Conclusioni

La cannabis rappresenta un trattamento adatto
per pazienti che soffrono di epilessia, problemi
dello sviluppo e disturbi del dolore.

La cannabis rappresenta un trattamento adatto a pazienti che soffrono di epilessia, problemi dello sviluppo e disturbi del dolore. Per persone con sclerosi multipla, problemi gastrointestinali, anoressia o dolori cerebrali, sono necessarie ulteriori ricerche per migliorare la nostra comprensione dell'impatto della Marijuana Medicinale (MM) ed educarci, tenendo in considerazione l'approvazione dell'uso della MM. Con pazienti di età inferiore a 25 anni, in stato di gravidanza o con un passato segnato da problemi di tipo emotivo e uso di sostanze, bisogna avere cautela se non proprio evitare che facciano uso della MM. In generale, quello della MM è un campo di studi stimolante, seppure necessiti ancora di ulteriori approfondimenti volti alla comprensione di tutti i suoi potenziali benefici, del suo funzionamento nel dettaglio e dell'interazione tra cannabis e recettori presenti nel corpo umano.

2

DIFFERENZA TRA COLTIVAZIONE
INDOOR E OUTDOOR

Coltivare la cannabis è un'esperienza divertente e soddisfacente, eppure è una grande sfida e richiede tempo e denaro. Per un coltivatore alle prime armi e con risorse limitate, una coltivazione indoor di cannabis è più onerosa sotto il profilo economico rispetto a una coltivazione outdoor.

Fortunatamente, un piccolo vivaio esterno può produrre molta cannabis di qualità. Specialmente se vicino ha un cortile privato luminoso, o persino un ballatoio, un portico o un terrazzo.

Da appassionato della coltivazione di cannabis, condividerò con voi alcune importanti differenze tra le tecniche di coltivazione indoor e outdoor.

2.1. Requisiti Fondamentali per la Coltivazione

Cerchiamo di capire alcuni dei requisiti fondamentali per la coltivazione di cannabis. Come ogni altra specie sulla terra, anche la cannabis ha delle "preferenze" rispetto a dove può crescere nella sua forma migliore. Non entrerò nel dettaglio di questi requisiti nel presente capitolo, ma li delineerò poiché sono necessari alla comprensione delle differenze basilari tra coltivazione indoor e outdoor:

- per la crescita ha bisogno di un terreno che contenga nutrienti ideali come azoto, fosforo e potassio, e un pH compreso tra 5.8 e 6.5;
- se il suolo è privo o ha carenza di nutrienti, si possono usare, con cura e attenzione, dei fertilizzanti;
- una fonte di calore ottimale è uno dei requisiti fondamentali per la coltivazione di cannabis. La temperatura ideale per il miglior sviluppo della piantagione è 24-25°C;
- la fonte di luce è importante, sia che si tratti di luce naturale che di illuminazione artificiale;
- l'umidità del terreno è importante: un suolo asciutto avrà come effetto una crescita più lenta e limitata della cannabis;
- un dosaggio ottimale dell'acqua quando il terreno è visibilmente asciutto favorirà una migliore crescita di cannabis.

2.2. Quali Sono le Differenze?

Dopo aver tratteggiato i requisiti fondamentali per la nostra specie preferita di cannabis, veniamo alle differenze tra coltivazione indoor e outdoor. La coltivazione di cannabis è interessante e gratificante, ma la sua buona riuscita dipende da numerosi fattori. In questa parte del libro affronterò alcune delle differenze più importanti tra coltivazione di cannabis indoor e outdoor.

E allora, cominciamo!

Coltivare la cannabis outdoor non è facile: non si tratta infatti di buttare alcuni semi per terra e aspettare che crescano. Per assicurarsi una piantagione decente, i coltivatori outdoor devono effettuare delle analisi del terreno, preparando l'area e le adeguate contromisure da adottare in caso di inconvenienti.

Ogni varietà di cannabis è unica, e ogni varietà si comporta diversamente quando coltivata in ambienti diversi. Alcune varietà crescono meglio all'interno, mentre altre crescono molto bene all'esterno.

Prima di entrare nel dettaglio delle differenze, è bene ricordare che la vostra piantagione dipende molto dal livello di cura che gli si è dato e dall'esperienza del coltivatore. Una pianta indoor coltivata correttamente può dare risultati migliori di una pianta non ben coltivata outdoor, e viceversa. Quindi, indipendentemente dal confronto indoor/outdoor, è importante prendersi ben cura della propria piantagione.

C'è un'abbondanza di varietà di specie che possono essere coltivate all'interno, all'esterno e anche nelle serre. Non era così negli ambienti agricoli antichi, e infatti la cannabis è stata coltivata per millenni in ambiente esterno. Inizialmente veniva solo usata come fibra o cibo, ma successivamente ha cominciato ad essere impiegata per i suoi effetti psicoattivi. Fu solo dopo centinaia di anni che le persone provarono a coltivare cannabis all'interno, e quello fu il momento in cui iniziò la differenziazione in varietà diverse.

Inizialmente fu osservato che la varietà Sativa era difficile da controllare in termini di dimensioni e tempi di fioritura, mentre la varietà Indica era molto più facile da controllare in termini di dimensione e aveva tempi di fioritura più brevi. Migliaia di queste osservazioni sono risultate nello sviluppo delle attuali varietà di cannabis.

Grazie all'attuale conoscenza della cannabis, essa può essere coltivata in ogni parte del mondo indipendentemente dall'ambientazione indoor e outdoor.

Ormai abbiamo tantissime varietà che possono essere coltivate in un'ambientazione di nostra scelta, tutte peraltro facilmente reperibili sul mercato. Anche se possiedi una varietà outdoor, puoi coltivarla indoor apportando poche modifiche all'ambiente. Ma io suggerisco di scegliere la varietà che meglio si confà al tuo ambiente per ottenere il risultato migliore in termini di qualità e quantità.

Quando descriviamo le dimensioni delle piante, non dobbiamo dimenticarci che le piante di cannabis outdoor sono quasi sempre più grandi di quelle indoor, e la differenza di dimensione è evidente non solo dai boccioli, ma anche dai fusti, che sono molto più larghi nel caso della coltivazione outdoor.

Di seguito elencherò alcune delle maggiori differenze tra le varietà di cannabis indoor e outdoor.

1. Quando correttamente curati e coltivati con i nutrienti adatti, le piante indoor di cannabis hanno un bocciolo piccolo e compatto, al contrario dei boccioli grandi e ruvidi delle varietà outdoor.

Lo spessore dei tricomi è generalmente più sottile sulle pepite coltivate al sole rispetto a quelle cresciute all'interno.

---

2. Lo spessore dei tricomi è un chiaro segno che aiuta a riconoscere una coltivazione indoor da una outdoor. Per le piante indoor, poiché i boccioli interni sono più piccoli, più vicini alla fonte di luce e si trovano in un ambiente interamente controllato, generalmente mostrano dei tricomi con uno spessore maggiore. Quindi, se si ispeziona quella che sta diventando una pepita interna, si può notare un luccichio che ricorda quello di una pietra preziosa, priva però di elementi vegetali visibili. Le pepite coltivate outdoor, ripeto, invece sono generalmente più grandi, quindi quei tricomi dovranno faticare maggiormente per coprire l'intera superficie esterna del bocciolo. Inoltre, le pepite coltivate al sole sono esposte a elementi che potrebbero danneggiare la crescita dei tricomi. Lo spessore di questi ultimi, dunque, sarà generalmente più sottile rispetto a quello delle piante coltivate all'interno.

> Una delle caratteristiche che aiuta a distinguere la cannabis coltivata al sole da quella coltivata all'interno, è l'ombreggiatura. La cannabis coltivata al sole avrà generalmente una tinta più decisa.

3. Una delle caratteristiche che aiuta a distinguere la cannabis coltivata al sole da quella coltivata all'interno, è l'ombreggiatura. La cannabis coltivata al sole avrà generalmente una tinta più opaca.

4. Se la cultivar produce germogli verdi, le pepite coltivate al sole saranno di un verde più scuro, tendenti al terroso, mentre i boccioli interni saranno di un verde più acceso.

5. Se la cultivar produce germogli viola, i boccioli coltivati al sole diventeranno di un viola più intenso, mentre le pepite interne rimarranno di una sfumatura più chiara (tranne se la varietà ha come caratteristica quella di produrre boccioli di un viola tenue in ogni circostanza).

6. Un'altra differenza è l'ombreggiatura alla base del bocciolo. Boccioli coltivati outdoor hanno spesso un'ombreggiatura di un colore terroso chiaro che abbraccia tutta la coda alla base del bocciolo. Nella maggior parte dei casi, le minuscole brattee alla base della coda saranno anch'esse di un colore terroso chiaro. I boccioli interni sono tipicamente di un verde brillante (o viola).

7. Secondo un'antica leggenda, la cannabis coltivata al sole è meno forte di quella coltivata all'interno. Ciò è falso, ed è stato dimostrato dai fedeli coltivatori al Sunna Ra Acres per mezzo di un esperimento "uno accanto all'altro" condotto su diverse varietà di cannabis. Due cloni, prelevati da una stessa pianta madre, sono stati coltivati uno outdoor e l'altro indoor. I risultati

hanno mostrato in maniera sistematica che la pianta coltivata outdoor produceva un profilo cannabinoide generalmente più alto e complesso. Ciò implica un più alto CBD e un più alto THC. La loro analisi ha dimostrato che il sole incoraggia il potenziale della pianta e aumenta la sua forza ristorativa.

8. In caso di terpeni, presenti in molte altre piante come la lavanda o i luppoli di birra e che modulano l'alterazione e influenzano gli effetti della cannabis sul sistema endocannabinoide, i loro profili sono aumentati dal sole. Nei lunghi periodi di sperimentazione, al Sunna Ra Acre hanno scoperto che, nel caso di coltivazione di due piante di cannabis, la pianta coltivata outdoor mostrava una maggiore presenza di terpeni. Se fumate, la pianta outdoor risulterà notevolmente più saporita e con un odore più dolce di quella indoor. Essendo instabili, i terpeni si disperderanno senza le appropriate forme di essiccazione e recupero. Oggigiorno, molti coltivatori indoor di cannabis danno molta attenzione alle fasi finali di essicazione e recupero, concretizzandosi ciò in una resa maggiore. I produttori outdoor novizi, al contrario di quelli esperti, potrebbero ignorare il processo di essiccazione e quindi perdere l'elevato profilo di terpeni.

Coloro che coltivano cannabis outdoor ricavano 2, 5 o 9 kg da ogni pianta, mentre i coltivatori indoor ricavano 0.2, 0.5 o 1 kg da ogni pianta.

---

9. I coltivatori outdoor raccolgono 2, 5 o 9 kg da ogni pianta, mentre i coltivatori indoor raccolgono 0.2, 0.5 o 1 kg da ogni pianta.

10. Va notato che le piante coltivate all'esterno risultano decisamente frondose. Si tratta di un ulteriore aspetto che ti aiuterà a riconoscere in maniera immediata una pianta coltivata all'interno da una coltivata all'esterno.

11. L'esame di tutti questi fattori ti aiuterà a differenziare la cannabis coltivata al sole da quella coltivata all'interno. Nel caso tu abbia la fortuna di trovare due boccioli simili, uno coltivato indoor e uno outdoor, fumando noterai i profili gustativi diversi,. La scelta dipende da ciò che cerchi.

Detto ciò, vorrei precisare che è possibile coltivare qualunque varietà di cannabis sia outdoor che indoor. Ciò che più conta sono la cura e il tempo dedicato alle piante di cannabis. Saranno questi fattori a determinare il tuo successo.

3

VARIETÀ DI CANNABIS

Una delle più belle prerogative della pianta di Cannabis è la sua un'ampia varietà. Non ci sono due tipi di cannabis uguali, e di ognuno è presente sia il tipo maschile che quello femminile. Alcune sono alte e sottili, altre basse e robuste, e altre ancora molto piccole. Tutte le varietà di cannabis fanno parte della famiglia delle Cannabinacee. Alcuni esperti considerano la Cannabis Indica e la Cannabis Sativa le due sottospecie principali, anche se sono pochi quelli che le considerano specie distinte e separate.

Per produrre una determinata varietà, è necessario selezionare una molteplicità di caratteristiche. Si tratta di una procedura per certi versi paragonabile a quella utilizzata dagli allevatori per selezionare specifiche caratteristiche nei cani. Le persone conoscono principalmente le varietà Indica, Sativa o Ibrida. Quest'ultima è formata dall'incrocio tra Indica e Sativa.

La cannabis esiste in numerose varietà e sottospecie e ognuna ha una convergenza alternata ai cannabinoidi tetraidrocannabinoli (THC) e cannabidioli (CBD), ma con combinazioni diverse. I coltivatori fanno crescere le piante in modo da dar loro un aspetto, un sapore e un effetto specifici per il cliente. Gli esperti affermano che esistono più di 700 varietà di cannabis.

Una delle più importanti qualità di una varietà di cannabis è il contenuto di THC. Esistono alcuni parametri per denominare ogni varietà, eppure molti coltivatori non denominano i loro prodotti in base a queste linee guida. Ibridazione e incroci hanno fatto sì che diventasse impossibile individuare il preciso contenuto di THC in una pianta specifica semplicemente dando un'occhiata alle sue caratteristiche fisiche.

Continua ad approfondire il tema per familiarizzare con le varietà di cannabis e per sapere quali sono le più comuni e facili da trovare.

Tra i diversi tipi di cannabis disponibili sul mercato, i più diffusi sono:

- Cannabis Indica;
- Cannabis Sativa;
- Cannabis Ruderalis;
- Canapa.

3.1. Cannabis Sativa

Questa pianta cresce molto, in alcuni casi raggiungendo anche i 4 metri; le foglie sono lunghe, delicate e strette. Considerando il potenziale di crescita, sono perfette per la coltivazione outdoor. I semi sono morbidi al tatto e senza macchie o segni distintivi. Non aspettarti che questa pianta fiorisca in fretta, perché la Sativa si prende il suo tempo e anche modificare il ciclo di illuminazione potrebbe avere effetti inaspettati. Questa varietà è indicata se si vuole essere attivi durante il giorno, perché aumenta le energie e apre le porte a nuove idee. Se sei un artista, potresti amarla.

La Sativa è conosciuta per l'alta percentuale di THC e CBD, i due cannabinoidi attivi principali. Nella Cannabis Sativa, le varietà dominanti contengono generalmente più THC che CBD, per questa ragione funziona bene per combattere i sintomi di fatica, i disturbi dell'umore, la depressione e molto altro.

3.2. Cannabis Indica

È una varietà più robusta della Sativa, ma non ne raggiunge la stessa altezza. Generalmente cresce fino a un'altezza di due metri; è una pianta folta con foglie robuste e tondeggianti, al contrario della Sativa. Ciononostante, entrambe hanno semi morbidi color marmo. La sua limitata altezza fa di lei una pianta perfetta per la coltivazione indoor.

Inoltre, ha una fioritura rapida che può essere ulteriormente accelerata intervenendo sul ciclo di illuminazione. Questa specie si trova più comunemente in Paesi come Nepal, Libano, Marocco e Afghanistan. Questa varietà di marijuana è la preferita dai fumatori accaniti perché è più probabile che dia un effetto sedativo sul corpo. Spesso contiene anche più CBN (un altro cannabinoide), la forma matura del THC. Essa contiene anche una notevole quantità di CBD. Le sue caratteristiche alleviano l'insonnia, il dolore, l'ansia, il mal di testa, favoriscono il rilassamento muscolare, calmano gli spasmi muscolari, e molto altro.

3.3. Cannabis Ruderalis

Nonostante sia una delle varietà primarie, difficilmente sentirai parlare di Cannabis Ruderalis. È di solito molto bassa, con una crescita tra i 50 e i 64 cm di altezza, simile alla varietà Indica. Questa pianta ha un fogliame molto spesso. La si trova tipicamente nelle regioni settentrionali del mondo. La Ruderalis ha un ciclo di fioritura molto precoce e veloce, poiché cresce ancora più a nord (la si può trovare anche in Paesi come la Russia) di ogni altro tipo di cannabis, quindi non passa molto tempo a maturare prima dell'arrivo delle temperature fredde. Una delle ragioni per cui si sente poco parlare di questa varietà è che è conosciuta per essere molto psicotropica. Il suo alto contenuto di CBD (Cannabidiolo) la sta rendendo sempre più famosa come alternativa all'impiego di farmaci.

La Ruderalis fiorisce in base all'età invece che al ciclo d'illuminazione. Ciò è chiamato auto-fioritura. Questo indica che, indipendentemente dal fatto che si coltivi indoor o outdoor, dopo 24 ore di illuminazione essa comincerà a produrre germogli secondo il suo calendario. Quindi, quando incrociata con l'Indica o con la Sativa, probabilmente si produrrà un contenuto di CBD più alto. La Ruderalis è anche molto resistente ai danni causati da insetti e condizioni climatiche. La Cannabis Ruderalis e i suoi vantaggi hanno radicalmente cambiato il modo in cui genetisti e incrociatori di semi stanno creando varietà. È una delle varietà primarie ad oggi meno usata, che però si sta velocemente affermando sul mercato. È molto utilizzata, invece, per la creazione di varietà ibride che fioriscono prima e che crescono meglio nei climi nordici. Gli ibridi nelle coltivazioni di cannabis moderne provengono proprio dagli incroci. A questo riguardo, ci sono tantissime varietà disponibili, frutto di lunghi anni di incroci e ibridazione a partire dalle varietà primarie.

3.4. Canapa

La canapa si trova tipicamente nell'emisfero settentrionale ed è una varietà di Cannabis Sativa coltivata specificamente per l'uso industriale. È una delle piante dalla crescita più rapida ed è stata una delle prime ad essere tessuta in fibre 10.000 anni fa. Può essere raffinata e trasformata in una vasta gamma di oggetti commerciali come carta, tessuti da abbigliamento, plastiche biodegradabili, pittura, isolante, biocombustibile e cibo per animali.

La canapa ha rappresentato un mercato fiorente e redditizio in America fino al 1937, anno in cui fu approvata una legge che ne impedì la coltivazione, il commercio e l'uso. La canapa ha un basso contenuto di THC e non vale la pena fumarla. Inoltre, essa è legale finché non supera un contenuto dello 0,3% di THC.

Le differenze tra le varietà finora discusse, tutte presenti sul mercato, non sono così grandi come potresti immaginare. Indica, Sativa, Ruderalis e Canapa hanno aspetti diversi, diverse morfologie, ma non differiscono tanto, per il resto, l'una dall'altra.

3.5. Differenze tra le Varietà Che Dovresti Conoscere

Sto per farti familiarizzare con alcune varietà di Sativa e Indica. Le Sativa, in generale, sono quelle che dovresti usare durante il giorno se vuoi maggiore attivazione e attenzione. Esistono le varietà Super Sour Diesel (Sativa ad alto contenuto di THC) e la Strawberry Satori's, entrambe ottime e che di solito forniscono un'alterazione sul versante euforico ed energetico, al contrario delle pesanti Indica, come la varietà Triple X, che dovresti fumare poco prima di andare a letto perché potrebbe avere un forte effetto sedativo. Come menzionato, il CBD è la seconda sostanza più comune trovata nelle piante dopo il THC, e aiuta a lenire il dolore e donare sollievo; può anche favorire il sonno. L'Harlot Zoo avrà poco e niente THC, mentre la varietà Harlequin avrà poco più del 6-7% di THC e forse il 10-15% di CBD. Ci sono anche molti ibridi come la Cherry Pie, anch'essa con un basso THC, pari al 15%. Se sei nuovo alla cannabis, o non fumi da un po', questa potrebbe essere quella giusta con cui (ri)iniziare anziché optare per varietà con il 26% di THC. Una delle mie preferite è la Strawberry Satori. Ha un odore piacevole e un sapore fruttato. Una varietà come Goji OG ha una bellissima struttura ma non ha un odore pungente, mentre tutte quelle sopracitate hanno un aroma molto fruttato.

In passato, la classificazione della varietà si basava principalmente sulla morfologia della pianta. Tuttavia il *Fenotipo* non sempre coincide con il *Genotipo*. Il passato di alcune piante non è sempre ben conosciuto a causa del miscuglio genetico, e, mentre le caratteristiche generali sono evidenti, il comportamento delle piante potrebbe non sempre essere associato ai cannabinoidi. Questo a causa della carenza di conoscenza condivisa tra i ricercatori e il pubblico. Per esempio, mentre negli Stati Uniti la gente non è tendenzialmente a conoscenza degli studi sulle piante di cannabis, in Israele c'è una migliore circolazione di informazioni per via di una maggiore diffusione e realizzazione di studi.

Molto di tutto ciò è dovuto al grande "controllo" del prodotto da parte del mercato nero. Penso che l'avanzamento legale abbia ora aperto il mercato a più varietà. Due piante dallo stesso nome potrebbero non avere la stessa genetica. In assenza di tracciamento dei marcatori genetici c'è un'alta probabilità che il coltivatore venga indotto in errore. I nomi, infatti, spesso descrivono la morfologia strutturale della pianta, non tenendone in considerazione il profilo chimico e creando correlazioni inaccurate. La stessa varietà prodotta da due diversi fornitori potrebbe avere profili chimici molto diversi. I venditori spesso dicono che una volta trovata una buona varietà bisognerebbe continuare ad acquistare da quel fornitore, ma questa non è una soluzione a lungo termine. Questa variabilità presenta un'enorme sfida per il mercato medicinale e, come risultato, molti hanno scelto di affidarsi a nomi conosciuti . In questo modo, pensano di sapere esattamente cosa stanno prendendo. Cosa vuol dire questo? Vuol dire che è meglio non fidarsi del fatto che il nome corrisponda ad un insieme di effetti ben definito. Devi sapere che la varietà pura assicurerà un profilo chimico consistente indipendentemente dalla sostanza di partenza. Degli estratti possono essere trovati in prodotti purificati, il che riduce la variabilità rispetto all'uso del fiore. Sono in corso numerosi studi che potrebbero permettere in futuro una comprensione della cannabis più semplice. Per ora, ti basta conoscere le caratteristiche generali dei tre tipi principali di cannabis, descritte di seguito insieme ad alcune avvertenze su tali classificazioni.

3.6. Origine della Cannabis Indica

La Cannabis Indica ha origine nei Paesi confinanti Pakistan e Afghanistan, dove il clima è più freddo e le stagioni più corte. La pianta ha foglie corte e robuste. In generale, le foglie corte e robuste si prestano più a coltivazioni indoor, per via degli spazi limitati. A causa della loro morfologia, queste piante folte dalle foglie larghe si prestano a una produzione intensa, con una possibilità di quattro o sei piantagioni ogni anno. L'Indica è spesso distribuita per il rilassamento, la diminuzione della nausea, il sollievo dal dolore, ed è anche adatta all'uso notturno.

3.7. Origine della Cannabis Sativa

Le origini della Sativa si trovano più verso l'equatore, dove il clima tende ad essere più caldo e i giorni più lunghi. La luce del giorno è mediamente stabile durante l'anno, e questo è il motivo per cui si pensa che la Sativa abbia origine in quelle zone. Morfologicamente, sono considerate le giraffe delle piante di cannabis. Hanno foglie lunghe e sottili, l'opposto dell'Indica. Fisicamente sono le più grandi delle tre varietà grazie al fatto che dispongono di un ciclo di crescita continuo. Appaiono più grandi, crescono fino a un'altezza di 4-5 metri e producono raccolti più alti.

Poiché a volte necessitano di più tempo per arrivare a questa fase, pagano il prezzo con tempi di fioritura più lunghi.

Gli esperti affermano che è difficile determinare la categorizzazione di una pianta di cannabis basandosi solo sulla sua altezza, espansione e aspetto delle foglie. Il modo migliore per conoscere il mix di un prodotto a base di cannabis è quello di scomporlo a livello biochimico

---

4

SCEGLIERE I SEMI CORRETTI

Tutti noi conosciamo gli effetti magici della cannabis, ma ti sei mai chiesto quali sono le origini della pianta di cannabis? Come fanno i coltivatori a garantire la qualità della pianta? Come fanno ad assicurarsi che la piantagione sia in linea con le nostre aspettative? La storia inizia con la selezione del seme. Fase in cui è importante avere una solida conoscenza dei diversi tipi di semi e delle loro qualità. Conoscendo le loro caratteristiche, puoi assicurarti di ottenere dalla tua piantagione ciò che più desideri.

4.1. Processo Base per la Selezione dei Semi di Cannabis

Le piante di cannabis possono essere maschio o femmina – anche chiamate "dioiche". In questi tipi di piante, solo la femmina produce i boccioli. Questi sono i boccioli che usiamo per il consumo sia ricreativo che medicinale. Per quanto riguarda la riproduzione, hai bisogno della pianta maschio per impollinare quella femmina, che poi produrrà i semi che verranno conservati e usati per la successiva piantagione. Dopo l'impollinazione la pianta femmina produce i semi, e la pianta comincia a morire una volta che i semi diventeranno maturi. A quel punto quei semi possono sia essere messi nel terreno e fatti crescere in una futura pianta matura, o essere raccolti per vari usi.

4.2. Uso dei Cloni per Scopi Commerciali

A volte i consumatori piantano semi di diverse varietà e poi, per le produzioni commerciali, usano i cloni delle piante migliori che ottengono da quei semi. Ma per i coltivatori principianti è meglio scegliere semi di alta qualità, che sono duri, macchiati di scuro e in grado di dare il miglior risultato. La scelta della varietà Sativa, Indica o di una varietà ibrida, dipende dalle preferenze personali del coltivatore, che è influenzata dal consumatore finale della piantagione, che sia per motivi ricreativi o medicinali.

A volte i consumatori piantano semi di diverse varietà e poi usano i cloni delle piante migliori che ottengono da quei semi per produzioni commerciali.

In questa parte del libro, ti insegnerò come effettuare una buona coltivazione stagionale con una perfetta selezione di semi. Mi assicurerò anche che, alla fine di questo capitolo, avrai le risposte a tutte le tue domande a proposito della selezione e della produzione dei semi da conservare per la prossima piantagione così da duplicare l'attuale risultato.

Cominciamo.

4.3. Questo È Ciò Che Dovresti Sapere

Poiché stiamo entrando nel dettaglio del processo di selezione dei semi, non devi dimenticare che essi si sviluppano nel fiore di una pianta femmina inizialmente impollinata da una pianta maschio. Alla fine, tutto ciò che vuoi è una piantagione che non abbia nessuna pianta maschio, poiché sono le piante femmine a produrre tutti i boccioli di cui hai bisogno. A questo scopo, devi selezionare semi femminizzati perché ciò ti aiuterà a raggiungere l'obiettivo di avere una piantagione di qualità. Con l'uso di semi ordinari, ossia non femminizzati, riuscirai a produrre solo il 50% del suo potenziale.

Poiché i fiori sono prodotti solo da piante femmine, ti consiglio di selezionare semi femminizzati e di non tentare la fortuna usando semi comuni non femminizzati.

4.4. Importanza della Scelta della Varietà

Grazie al lavoro attento e costante di incrociatori e coltivatori, c'è un ampio assortimento di varietà di cannabis. Prima di scegliere i semi, assicurati che contengano le qualità ereditarie che cerchi. Nello scegliere i semi potresti sentirti confuso, ma è solo perché non l'hai mai fatto prima o perché stai vedendo i semi per la prima volta. Descriverò alcuni fattori che possono aiutarti nel processo di selezione.

I semi da scegliere dovrebbero avere un guscio duro
e dovrebbero essere scuri con sfumature marroni.
Non dovresti mai scegliere semi morbidi e di
colore chiaro.

Devi sapere che la morfologia dei semi è una differenza importante tra le varietà Indica e Sativa. I semi di Indica sono più grandi e rigati, mentre quelli di Sativa non sono rigati e sono di dimensioni più piccole.

4.5. La Qualità della Cannabis Dipende dai Geni

Tutti vogliamo una varietà di cannabis dal buon sapore, buon odore e che sia forte. Per ottenerla, bisognerà trovare una varietà di cannabis con i geni migliori. Persino dopo l'accurata selezione dei semi di una varietà sarà necessario tenere sotto controllo molteplici fattori che hanno un ruolo nel successo delle tue piante, come l'ambiente e il livello di cura.

Tutti vogliamo una varietà di cannabis dal buon sapore, buon odore e che sia forte. Per ottenerla, bisognerà trovare varietà di cannabis con i geni migliori.

Per un coltivatore novizio è molto importante selezionare semi della migliore qualità o cloni per ottenere i massimi benefici dalla pianta di cannabis. Una selezione adeguata di semi della migliore qualità aiuterà nella riuscita dell'attuale piantagione proprio come per le successive. I coltivatori esperti di solito hanno piantagioni migliori paragonati ai coltivatori novizi, anche usando gli stessi semi, perché i coltivatori esperti hanno già scelto la varietà migliore e ne conservano i semi per il raccolto successivo; hanno molta più familiarità con le origini dei semi, il che li aiuta a prendersi miglior cura delle loro piante.

Ora, diamo un'occhiata a un paio di assortimenti ereditari per avere una maggiore comprensione su quale seme piantare. Una varietà di cannabis possiede un profilo ereditario con specifici attributi (come il valore THC) usati per creare diversità in una piantagione in presenza di alcuni espliciti fattori naturali, un procedimento che caratterizza le qualità di una pianta dall'altra.

4.5.1   Come adesso sappiamo, la Cannabis Sativa, che ha piante alte e sottili, produce una piantagione migliore delle varietà Indica. Il contenuto di THC di questa pianta aiuta il pensiero creativo.

4.5.2.   D'altra parte, la Cannabis Indica produce piante folte e grosse che maturano molto più velocemente delle loro controparti Sativa. Come sappiamo, la piantagione sarà di modeste dimensioni e l'uso di questa varietà ti renderà parecchio rilassato.

4.5.3.   Le varietà auto-fiorenti Ruderalis vengono usate negli incroci per aumentare i livelli di THC delle altre varietà. Non sono forti quanto l'Indica e la Sativa. I loro cicli di fioritura sono veloci e non dipendono dai livelli di illuminazione.

4.5.4.   Infine, le varietà Ibride sono il risultato di incroci tra le varietà base di Cannabis. Sono ibridi o prevalentemente Sativa o prevalentemente Indica. Questi ibridi hanno qualità diverse dalle loro varietà genitori e sono prodotti per ottenere il massimo risultato desiderato sia dall'uso ricreativo che medicinale.

Le varietà Ibride sono il risultato di incroci tra le varietà base di Cannabis. Sono o prevalentemente Sativa o prevalentemente Indica. Questi ibridi hanno qualità diverse dalle loro varietà genitori e sono prodotti per ottenere il massimo risultato desiderato sia dall'uso ricreativo che medicinale.

L'esperienza della cannabis è diversa per ogni persona, persino tra coloro i quali consumano quantità e varietà simili. Coloro che ingeriscono varietà comparabili in quantità simili, potrebbero avvertire un miscuglio di sensazioni. Per esempio potrebbero sentire sospetto, letargia, gioia, felicità e chiarezza.

Forse la cosa più complessa della cannabis è il fatto che il corretto miscuglio di fitocannabinoidi necessari per il miglior risultato è elusivo. Infatti, persino i ricercatori, con i loro lunghi periodi di esame e la loro abilità, non possono determinare la combinazione ideale. Perché accade ciò? Sostanzialmente perché ogni individuo è straordinariamente diverso, il che vuol dire che l'alterazione non può essere misurata; varia ampiamente da persona a persona. Questo rende difficile dimostrare la relazione tra miscugli sintetici, alterazione, qualità e tipo.

Una volta selezionati i tuoi semi, puoi coltivarli per diversificarne i geni. Per fare ciò si usano le piante maschio. Posiziona le tue piante maschio e femmina una accanto all'altra e scuoti quella maschio. In questo modo puoi impollinare la pianta femmina. Scuotere la pianta femmina dopo l'impollinazione aiuterà a distribuire il polline in maniera uniforme su tutte le parti della pianta. Dopo l'impollinazione, la pianta femmina produrrà semi in circa sei settimane.

4.6. Hai Mai Sentito Parlare della Sensimillia?

Se la risposta è no, lascia che te ne parli!

La Sensimillia è una cannabis di alta qualità. Si distingue dalle altre varietà perché matura senza impollinazione. Il termine stesso ha origine dalla lingua spagnola e vuol dire "senza semi". La cosa più importante da sapere sulla Sensimillia è che non può essere coltivata outdoor per il rischio che venga impollinata dalle piante maschio, che possono farlo anche a distanza di 1,5 chilometri circa. Va detto che è particolarmente importante per il coltivatore assicurarsi che la sua piantagione sia al sicuro dall'impollinazione. La ragione sta nel fatto che il nostro obiettivo è di produrre boccioli anziché semi. Anche se i semi sono molto importanti dal punto di vista evolutivo, non sono importanti dal punto di vista commerciale. Vogliamo che le nostre piante producano sempre più boccioli da poter essere consumati. E qui entra in gioco la Sensimillia con la sua produzione di soli boccioli in assenza di impollinazione.

La cosa più importante da sapere sulla Sensimillia è che non può essere coltivata outdoor per il rischio che venga impollinata dalle piante maschio, che possono farlo anche a distanza di 1,5 chilometri circa.

La produzione di cannabis su scala industriale non ha molti vantaggi dal punto di vista commerciale, ciò perché molte parti della pianta non contenenti THC andrebbero sprecate (il THC è il più richiesto). A causa di questo svantaggio, gli scienziati stanno cercando fonti alternative di CBD, THC e altri cannabinoidi tipicamente ottenuti dalla cannabis. Il CBD può essere ottenuto dalla canapa, ma, come abbiamo detto, la canapa è un derivato della cannabis. Gli scienziati stanno cercando metodi più semplici e affidabili per ottenere queste sostanze chimiche da microorganismi e ingegneria genetica. Sperano, in pratica, di ottenere la quantità desiderata di sostanze chimiche, presenti solo in piccole quantità dalle piante di cannabis, da altre fonti.

Attualmente, la maggior parte dei coltivatori indoor utilizza cloni per coltivare piante di cannabis, ma io suggerisco di cominciare con i semi, poiché sono loro a produrre radici fittonanti. Le radici fittonanti aiutano ad assorbire meglio i nutrienti dal terreno, il che è molto importante per la piantagione, specialmente quando si coltiva outdoor.

La collezione di semi sul mercato è enorme paragonata alla limitata disponibilità di cloni. L'uso di semi per coltivare cannabis ti aiuterà ad ottenere i risultati desiderati, che sia per motivi ricreativi o medicinali. Come sappiamo, i geni giocano uno dei ruoli più importanti nel raggiungimento dei risultati desiderati; dobbiamo anche ricordare che giocano anche un ruolo sulla salute, vita e crescita delle piante. La selezione di semi con i geni migliori aiuta ad ottenere sia il risultato desiderato dalla piantagione attuale, che i semi per la tua prossima piantagione.

4.7. Perché i Semi ad Alto CBD Stanno Riscuotendo Tanta Attenzione?

Il CBD è parte di un più grande gruppo di sostanze chimiche collettivamente conosciute come "Cannabinoidi", che si trovano nelle varietà di cannabis. Da molti anni, i ricercatori descrivono i benefici medicinali del CBD per il trattamento di malattie e disturbi. Gli esseri umani hanno usato la cannabis per tantissimo tempo per il suo contenuto di THC, ma ora la richiesta della componente CBD sta aumentando grazie al suo potenziale medicinale. Il percorso chimico per la produzione di CBD è molto diverso dalla produzione di THC, e molti Paesi stanno concedendo permessi legali per la coltivazione delle varietà con alti contenuti di CBD o Cannabinoidi.

Con l'aumento dell'interesse nei confronti del CBD nel corso degli anni, molte varietà di cannabis Canapa stanno subendo modifiche genetiche volte a farne aumentare il livello di CBD e al contempo diminuirne il valore di THC. Le piante ottenute hanno un basso THC (occasionalmente alcune hanno un livello alto di THC, ma non vengono classificate come canapa) e un grande aumento di CBD, superiore al 3%. Semi che producono varietà con un alto livello di CBD sono immediatamente disponibili sul mercato. Puoi servirtene, ma i semi più commerciali non garantiscono risultati con quel valore di CBD. Per questo scopo devi selezionare con attenzione e coltivare una varietà di semi o cloni già precedentemente testata.

4.8. Fattori Presenti nei Semi di Alta Qualità

Sono diversi i fattori che giocano un ruolo nel determinare la qualità dei semi: i loro geni, il loro livello di maturazione, le condizioni di conservazione e le loro varietà. Mentre il risultato in termini di raccolto dipende soprattutto dalla tua decisione di coltivare indoor o outdoor, i semi acquistati da coltivatori inesperti che incrociano la pianta femmina con una pianta maschio a caso per poi venderli, avranno esiti non soddisfacenti. I semi maturi, propriamente conservati in un luogo buio e fresco per non più di 18 mesi, non vengono interessati da patogeni micotici e batteriologici, e questo risulta in una superiore qualità delle piante.

4.9. Come Effettuare la Selezione Finale?

Ora che sappiamo ciò che bisogna tenere a mente nel processo di selezione dei semi di cannabis, descriverò alcuni dei fattori che fondamentalmente determinano il tipo di semi su cui puntare.

- Il tuo ambiente di coltivazione

  o Nello scegliere i semi, devi tenere conto dell'ambiente di coltivazione: outdoor o indoor, su un balcone o in cortile, in un vaso o nel terreno. Importante è anche il clima: vivi vicino all'equatore o in regioni temperate?

- Leggi locali

  - Assicurati, prima di selezionare i semi, che le leggi locali ti consentano di avere una coltivazione outdoor. Per esempio, a Washington D.C. è permesso coltivare fino a sei piante ma avendone mature solo tre per volta mature, mentre nello Stato confinante del Maryland non è consentito coltivare alcuna pianta, nonostante qui sia consentito fare uso di cannabis per scopi medici.

- Rapporto costi-benefici

  - Gran parte *del mondo* della cannabis è o Sativa o Indica, e la tua selezione di Sativa o Indica o ibridi è in qualche modo influenzata dal costo dei semi che scegli. La scelta della varietà è personale, e, posto che avrai cura della piantagione, non ci saranno differenze nel rendimento delle piante. Le varietà ibride hanno una fascia di prezzo diversa dalle loro controparti genitori.

- Rendimento della coltura

  - A meno che nel tuo Paese non ci siano leggi che lo vietino, seleziona una varietà che cresce il più alta possibile per fornirti il massimo rendimento. In caso contrario, fai in modo che le tue piante crescano in maniera obliquamente. In questo caso, la selezione di geni di alta qualità non fa differenza, per cui opta per le varietà che crescono più grandi. La scelta di semi con una migliore genetica può aiutarti ad aumentare il valore della tua piantagione del 50%. In questo modo potrai ottenere il massimo dei benefici dal tuo duro lavoro.

- Uso futuro

    o Nella coltivazione di piante di cannabis sono da tenere a mente il rendimento massimo e il valore di THC, perché questo è ciò che avrà un impatto finale sul valore della tua piantagione. La selezione di una varietà non dovrebbe essere quindi basata su una scelta personale (di sapore e aroma che si vuole ottenere dalla piantagione) ma bisogna conoscere al meglio la varietà stessa, in tutte le sue caratteristiche.

4.10. Vuoi Preservare i Semi?

Se sei riuscito a ottenere le varietà desiderate e vuoi coltivarle di nuovo in futuro, abbi l'accortezza di conservare i semi. A questo riguardo, ci sono delle regole base da seguire:

1. tienili in un luogo asciutto;
2. evita la diretta esposizione al sole;
3. usali entro 18 mesi dalla conservazione;

tienili a temperatura ambiente. Un ambiente troppo caldo o troppo freddo non è favorevole alla conservazione dei semi, e risulterà in una diminuzione della conservabilità e della qualità della piantagione derivante da quei semi.

5

TROVARE IL LUOGO IDEALE

Il nostro viaggio lungo il processo di apprendimento della coltivazione della cannabis è iniziato con la sua comprensione di base e dei suoi usi. Abbiamo poi passato in rassegna alcuni dei fattori più importanti delle coltivazioni indoor e outdoor. Dopodiché abbiamo portato l'attenzione sulle varietà e l'importanza della scelta dei semi per coltivare tali varietà. A questo punto, dovresti essere in grado di prendere una decisione sulla tua coltura di cannabis, poiché hai familiarità con i fondamentali che ti servono per ottenere il miglior risultato dalle piante che coltivi.

Per coltivare delle piante di cannabis c'è ovviamente bisogno di un luogo in cui farlo. Grazie alle ricerche scientifiche, è ora possibile coltivare cannabis in ogni luogo, in ogni parte del mondo, in ogni ambiente. Tutto ciò che devi fare è preparare la tua area secondo le necessità delle piante di cannabis che stai coltivando. Ciò ti permetterà di ottenere il massimo dei risultati. La tua area può essere esterna o interna, nel terreno o nei vasi. Può essere terreno naturale o terriccio che compri al mercato. Ciò che importa è che tu abbia una buona comprensione della scelta che stai per fare e delle conseguenze di tale scelta. Se hai scelto un luogo interno, allora devi prenderti cura della piantagione dal punto di vista indoor, dall'inizio alla fine. Se stai coltivando all'esterno, dovresti conoscere i protocolli di gestione per le piantagioni outdoor. Diamo un'occhiata ad alcuni dei requisiti base per far crescere la cannabis. Come ogni altra specie sulla terra, anch'essa ha dei requisiti fondamentali che le permetteranno di crescere nella sua forma migliore.

5.1. Le Leggi dello Stato Hanno un Ruolo

Le leggi locali condizionano la scelta del luogo per la tua piantagione. La selezione del luogo comincia infatti dal rispetto della legge. Se sei abbastanza fortunato da vivere in un'area in cui è legale coltivare cannabis, le opzioni sono illimitate. Puoi scegliere virtualmente ogni luogo favorevole.

Ma aspetta!

La legge non è l'unico fattore fondamentale nella scelta della tua area esterna. Ci sono molti altri elementi che entrano in gioco nella tua decisione. Se sei abbastanza fortunato da trovarti in uno Stato in cui è legale coltivare cannabis per uso personale e puoi coltivare cannabis in qualsiasi luogo esterno, devi semplicemente scegliere dove coltiverai e tenere a mente gli altri fattori che descriverò più avanti. Ma se le tue leggi locali non permettono la coltivazione di cannabis per uso personale, allora le tue opzioni si riducono notevolmente. Ci sono diverse aree esterne tra cui scegliere, che descriverò più avanti quando parlerò in dettaglio dei pro e contro di ogni luogo.

5.2. Numero di Piante

Dopo le leggi locali, il secondo fattore più importante per la tua decisione è il numero di piante che vuoi coltivare. Un fumatore incallito può consumare al massimo da cinque a sette piante femmine in un anno. Quindi, anche se sei un fumatore incallito e vuoi coltivare abbastanza da usarne per un intero anno, hai bisogno solo di 5 o 7 piante. Ti suggerisco di coltivare un piccolo numero di piante all'inizio.

5.3. Cosa Rende un Posto Perfetto per la Coltivazione di Cannabis?

In uno scenario perfetto, il luogo dovrebbe essere vicino alla riva di un fiume: il terreno, in questo caso, è ricco di nutrienti, lontano dalla vista di persone e forze dell'ordine e dai ladri! Ti chiedi perché non scegliere il tuo giardino come luogo ideale per coltivare?

Lascia che te lo spieghi!

Coltivare nel tuo giardino è sempre l'ideale: le tue piante sono davanti ai tuoi occhi, ti prendi cura di loro e le annaffi secondo necessità, le tieni al sicuro da furti, puoi sapere esattamente quando hanno bisogno di più nutrienti; ma dovresti ricordare che sarebbero anche davanti ai tuoi ospiti. Le piante di cannabis hanno un odore molto pungente che può allarmare i tuoi vicini e, se contattato dalle autorità, non puoi negare la loro presenza. Quindi sii pronto!

5.4. E per Quanto Riguarda il tuo Balcone?

Il balcone può essere usato per la tua coltivazione outdoor, ma la maggior parte delle volte l'area del balcone è visibile dalla strada e dovresti quindi industriarti per nasconderla. Inoltre, i tuoi vicini potrebbero rendersi conto della presenza di cannabis a causa del suo odore pungente. Puoi usare diverse soluzioni di camuffamento durante la coltivazione sul balcone, ma non dovresti mai coprire le piante dalla luce del sole, essendo questa necessaria alla crescita delle stesse.

5.5. Puoi Coltivare sul Tuo Tetto?

Fortunatamente sì! Puoi scegliere il tuo tetto come luogo per coltivare la cannabis. Dovresti però essere in grado di occuparti di due problemi: l'odore pungente e i venti costanti. Quest'ultimo è più marcato nelle zone costiere, al punto che potresti aver bisogno di qualche protezione. Sappi inoltre che una leggera brezza è favorevole alla crescita ottimale delle piante, ma che un vento costante, soprattutto se forte, ne mette a repentaglio lo sviluppo.

5.6. Conosci il Termine Coltivazione Guerrilla?

La coltivazione della cannabis può essere un'esperienza meravigliosa. Immagina di andare in una foresta, scalare una montagna, cercare una zona lontana da sentieri con la luce perfetta per la maggior parte della giornata. Un posto vicino a un fiume con il valore aggiunto di non dover innaffiare le piante. Potresti coltivare persino su un suolo acido, come nel caso delle foreste di pini, usando un appropriato miscuglio di terreni.

5.7. Sponda del Fiume?

Sì, puoi scegliere la sponda di un fiume come luogo per la tua coltivazione di cannabis. Assicurati che sia lontano dal pubblico; per fare ciò potresti dover nuotare e trovare un luogo nascosto da sguardi indesiderati. Nonostante sia difficile scovare questo genere di luoghi, trovarli può essere gratificante.

5.9. Sono un Agricoltore, Posso Usare il Mio Campo?

Sì, se coltivi in un campo aperto nel quale le tue piante possono assorbire abbastanza nutrienti e abbastanza luce solare, allora questa potrebbe essere la scelta migliore. Per questo hai bisogno di usare una tecnica di camuffamento. Le piante dovrebbero essere facili per te da gestire, ma non dovrebbero essere facili da vedere dall'esterno!

Il tuo terreno dovrebbe essere non troppo acido e contenere la corretta quantità di azoto da far assorbire alle piante. Avere un campo di grano su ogni lato della tua piantagione di cannabis è un'ottima idea, perché assicura la privacy desiderata, molta luce solare diretta e tutti i nutrienti necessari. Se vuoi coltivare al centro del campo di grano, dovresti coltivare le tue piante di cannabis nei vasi e solo in seguito trasferirli al centro del campo. Le piante di mais crescono più velocemente e più a lungo di quelle della cannabis, quindi coprirebbero le tue piante in ogni direzione. Per accedere facilmente ad esse puoi provare a posizionare qualche marcatura nel campo.

5.10. Conclusioni

Dopo aver elencato alcune opzioni, dovresti essere in grado di scegliere con facilità il luogo della tua piantagione outdoor. Ora procederò con gli ultimi punti da considerare (anche se non gli unici) per la scelta del luogo:

- l'essere al sicuro e nascosto per assicurarsi che non venga scoperto: essere scoperto potrebbe portare alla perdita dell'intera piantagione, della tua reputazione e del tuo tempo prezioso;
- l'essere pronto a negare se dovessi essere scoperto, anche se stai coltivando in una tua area: assicurati che le tue piante crescano in

un luogo abbastanza lontano da casa tua in modo da dire facilmente che non sapevi che venissero coltivate lì;

- il considerare l'idea di una serra: puoi mantenere le tue piante nello stato migliore, lontano da problemi di vario tipo (ma se dovessi essere scoperto, non potresti negare!);

- prendere in considerazione un luogo pubblico ma sicuro in cui coltivare: sembra strano ma non lo è! È assolutamente possibile per te trovare un luogo non troppo affollato. Coltiva le tue piante lì e controllale attentamente ogni giorno e, se sei fortunato, puoi farne la tua fortuna. Se dovessero essere scoperte, e successivamente distrutte, non potresti essere rintracciato come il coltivatore originale, quindi coltivare in luoghi pubblici è una delle opzioni più sicure da prendere in considerazione;

- assicurare una crescita ottimale in un terreno con nutrienti perfetti (come per esempio azoto, fosforo e potassio) e un pH compreso tra 5.8 e 6.5;

- l'uso di fertilizzanti, con cura e attenzione, se il terreno dovesse essere privo di nutrienti o scarseggiare di quelli essenziali;

- utilizzare una fonte di calore ottimale, uno dei requisiti fondamentali della coltivazione di cannabis: 24-30° C è la miglior temperatura per la migliore riuscita della piantagione;

- assicurare una buona fonte di luce, che sia naturale o artificiale;

- mantenere l'umidità del terreno: un terreno asciutto risulterà in una crescita più lenta e limitata;

- fare uso adeguato e responsabile di acqua quando il terreno è visibilmente asciutto, per favorire la crescita della cannabis;

- assicurarsi un facile accesso in modo da tenere bene d'occhio le tue piante;

come già detto, la tua piantagione dovrebbe essere accessibile per te ma lontano dall'accesso di chiunque altro, specialmente di ladri e forze dell'ordine. Devi tenere le tue piante nascoste da tutto ciò con l'uso di diverse tecniche di camuffamento come la coltivazione insieme a pomodori, canna da zucchero e piante di mais.

6

RICONOSCERE E DIFFERENZIARE
TRA LE PIANTE DI CANNABIS
MASCHIO E FEMMINA

Grazie a secoli di impegno, l'uomo è riuscito a sviluppare molte varietà di cannabis. Adesso abbiamo la possibilità di coltivare qualunque varietà vogliamo. Ricordi quando ho parlato di come le diverse varietà vengono prodotte?

Lascia che te lo ricordi! Per una nuova varietà, tutto ciò di cui hai bisogno per coltivare sono una pianta maschio e una femmina di varietà diverse una accanto all'altra. La pianta maschio impollinerà la femmina durante il suo periodo di fioritura, e i semi prodotti come risultato saranno di una nuova varietà. Questa nuova varietà avrà le qualità di entrambe le piante genitori.

6.1. L'Importanza di Riconoscere e Differenziare

Riconoscimento e differenziazione sono importanti per un coltivatore al fine di ottenere il massimo in termini di valore della piantagione. Dovresti avere principalmente piante femmine, perché producono più boccioli e danno più valore alla tua piantagione. Le piante maschio vengono usate per ottenere semi dalla piantagione. Ma, in qualità di coltivatore appassionato, generalmente tutto ciò che dovresti volere è ottenere la massima quantità di boccioli e pochi o nessun seme.

Arriviamo al punto principale:

6.1.1.   Perché è importante saperlo?

6.1.2.   Perché hai bisogno di conoscere la differenza tra piante maschio e femmina?

6.1.3.   Perché sono stati sviluppati semi femminizzati?

Una delle cose più importanti, e che ci ha fatto realizzare che la pianta femmina è quella che vogliamo coltivare, è la quantità di THC e CBD nei boccioli. La quantità di THC e CBD è la nostra motivazione principale nella coltivazione di cannabis. Vogliamo che le nostre piante diano il risultato migliore, e quel risultato è ottenuto meglio coltivando solo piante femmine. Le piante maschio producono il polline usato per la fertilizzazione, e la pianta femmina, una volta fertilizzata, concentra il suo impegno e la sua energia nella produzione di semi. Qui ti informerò sulle più importanti differenze tra piante maschio e femmina, in modo che, alla fine di questo capitolo, sarai in grado di differenziare tra le due. Dopo aver imparato le differenze, sarai capace di rimuovere le piante maschio dalla tua piantagione di cannabis per ottenere la miglior produzione di THC e CBD.

La quantità di THC e CBD è la nostra principale motivazione nella coltivazione di cannabis. Vogliamo che le nostre piante diano il risultato migliore, e quel risultato è ottenuto meglio coltivando solo piante femmine. Le piante maschio producono il polline usato per la fertilizzazione, e la pianta femmina, una volta fertilizzata, concentra il suo impegno e la sua energia nella produzione di semi.

6.2. Identificazione della Pianta Maschio

Devi sapere che ci sono due fasi di sviluppo: la fase della giovinezza, chiamata vegetativa, e la fase adulta, chiamata di fioritura. È difficile differenziare tra piante maschio e femmina durante la fase vegetativa. Lo stelo della pianta maschio è più spesso, e la pianta ha un po' meno foglie rispetto alla pianta femmina. Le piante maschio diventano generalmente più alte delle piante femmine, quindi hanno bisogno di steli spessi per supportare la loro crescita. L'attenzione principale delle piante durante la fase vegetativa va indirizzata nel farle crescere grandi e alte. Iniziano a produrre semi/boccioli solo alla fine della sesta settimana, quando entrano nella fase di fioritura.

Le piante maschio producono polline, e quel polline è presente nel punto in cui gli steli crescono dal fusto principale. Sono presenti nella forma di palline. Il polline è presente all'interno di quelle palline, e generalmente ci vogliono 3 settimane perché la sfera scoppi e rilasci tutto il polline. Assicurati di rimuovere quelle palline prima che scoppino, perché una volta scoppiate non puoi fermare la produzione di semi delle tue piante di cannabis femmine vicine che sono state fertilizzate da quei pollini. Saprai che il polline è stato rilasciato se la sacca ha l'aspetto di una pallina scoppiata. Un altro elemento importante a cui prestare attenzione sono i pistilli. Le piante maschio non hanno nessun pistillo.

6.3. Identificazione della Pianta Femmina

Le piante di Cannabis femmine producono boccioli con la più importante sostanza psicoattiva, il THC. Quei boccioli e tutte le loro qualità potrebbero andare perduti semplicemente per colpa di una singola pianta maschio che fertilizza la femmina, e la tua pianta finirà per produrre semi invece di boccioli; e, sfortunatamente, non è possibile fumare i semi.

Le caratteristiche principali delle piante femmine sono:

- ridotta altezza;
- maggior numero di foglie sia alla fine della fase vegetativa che a piena maturazione;
- steli sottili;
- presenza di pistilli (piccoli peli) quando i loro fiori si aprono.

È da notare che le piante maschio non producono pistilli.

6.4. Come Cercare le Ermafrodite?

Come sai, ci sono piante maschio e femmina, ma entrambe possono trasformarsi in ermafrodite quando sottoposte a stress. Tuttavia, trasformarsi in ermafrodita può essere anche un processo naturale. Queste piante hanno sia boccioli che polline, quindi una parte della pianta produce il polline che poi va a fertilizzare l'altra parte della pianta che sta producendo i boccioli.

È bene conoscere i fattori di stress che possono far trasformare la tua pianta in ermafrodita:

- insetti o patogeni;

- mancanza d'acqua;

- mancanza di luce/eccesso di luce;

- acqua fredda;

- troppa acqua;

- mancanza del ciclo notturno.

Ricorda che entrambe le piante maschio e femmina possono
trasformarsi in ermafrodite quando sottoposte a stress.
Tuttavia, trasformarsi in ermafrodita può essere
anche un processo naturale.

Le ermafrodite, poiché producono solo qualche bocciolo, sono tipi di
piante da non tenere nella tua piantagione, quindi suggerisco di
rimuoverle.

6.5. Differenziazione tra Piante Maschio e Femmina

Una visita regolare alle tue piante è importante per ottenere il massimo
risultato dalla tua piantagione. Una singola pianta maschio può
impollinare molte piante femmine. Nel caso dell'indoor, puoi riconoscere
la pianta maschio 7-10 giorni prima dell'impollinazione, e la pianta
femmina 3 settimane prima, poiché i loro boccioli fioriscono più tardi.

- Piccoli steli crescono dal fusto principale della pianta, e questa è
  l'area in cui la struttura a pallina cresce nella pianta maschio.
  Questa struttura è presente in numero minore rispetto a quelle
  della pianta femmina, che ha anche piccoli peli translucidi, e
  solitamente è lunga.

- Dopo 6 settimane dell'iniziale crescita vegetativa, osservando il tuo raccolto potrai facilmente identificare le piante in base alla quantità di foglie, a quanto sono folte e all'altezza.

- Osservando gli steli che fuoriescono dalle piante femmine, vedrai piccole strutture pelose chiamate pistilli. Sono facilmente identificabili grazie al fatto che emergono dall'area triangolare dell'articolazione.

- È possibile vedere una pianta che abbia sia la sacca da polline che i pistilli. Questo tipo di pianta dovrebbe essere considerata come una pianta maschio e rimossa.

Dopo 6 settimane dell'iniziale crescita vegetativa,
osservando il tuo raccolto potrai facilmente
identificare le piante femmine in base al
fatto che hanno più foglie, sono
folte e sono basse.

6.6. Sai Perché il Pistillo È Peloso?

La piccola struttura a sacco con peli translucidi che vedi su una pianta femmina si chiama pistillo. È peloso perché deve attrarre il polline per la fertilizzazione per permettere alla pianta di produrre semi. Quando cattura il polline da una pianta maschio vicina, utilizza tutta la sua energia per produrre semi. E come risultato la tua piantagione sarà ridotta.

6.7. Conclusioni

Ora dovresti essere in grado di riconoscere e differenziare tra piante maschio e femmina.

Le piante maschio sono alte e le piante femmine sono basse. Le piante femmine hanno più foglie delle loro controparti maschili. Le piante maschio producono sacche di polline mentre le piante femmine producono pistilli. Le piante maschio hanno steli più spessi paragonati alle piante femmine. Un trucco per aiutarti a identificarle è quello di osservare regolarmente le tue piante, poiché puoi identificare e isolare le piante maschio molto prima che siano in grado di rilasciare polline e fertilizzare le piante femmine. Puoi farlo approssimativamente 3 settimane prima che scoppino. Sarà molto facile per te riconoscere le differenze. Una cosa che vorrei condividere è la qualità dell'aroma della marijuana che ottieni alla fine, che è molto più potente in piante cresciute in maniera più naturale. Le piante cresciute solo con semi femminizzati produrranno più boccioli, ma a scapito di parte della qualità. Questa è la ragione per cui molti coltivatori di cannabis esperti preferiscono semi regolari per le loro piantagioni. In questo modo prediligono la qualità del fumo piuttosto che la quantità.

Un trucco per aiutarti a identificarle è quello di osservare regolarmente le tue piante, poiché puoi identificare e isolare le piante maschio prima che siano in grado di rilasciare polline e fertilizzare le piante femmine.

7

COME AVVIARE E MANTENERE UNA
COLTIVAZIONE INDOOR

Come per tutte le piante, coltivare cannabis è una competenza che si acquisisce col tempo. È tutto fuorché difficile, eppure i consumatori felici impiegano una vita a perfezionarsi. La procedura non crea confusione e può essere tanto modesta o costosa, dipende da te.

Comprendere i fondamentali della coltivazione della cannabis
è un buon punto da cui iniziare il tuo viaggio. Scegliere in
maniera consapevole ti farà raccogliere i migliori frutti
alla fine.

Come sai, è il primo passo quello più difficile. E il primo passo nella coltivazione della cannabis è decidere di coltivare. Dopo aver preso questa brillante decisione e aver scelto di coltivare per te stesso o come azienda, il secondo passo è scegliere il luogo giusto. Se hai scelto un luogo interno per la tua futura piantagione di cannabis, allora questa guida fa sicuramente per te. Questo capitolo ti aiuterà a comprendere tutti i dettagli necessari per coltivare e mantenere le tue piante indoor. Seguendo queste linee guida otterrai il risultato perfetto: molti boccioli con alto contenuto di THC e CBD.

Sto scrivendo questa guida assumendo che sia legale per te coltivare all'interno. Come cittadino rispettabile del tuo Paese/Stato, ti suggerisco di documentarti sulle leggi locali relative alla coltivazione di cannabis.

In questo capitolo procederò passo dopo passo.

7.1. Scegli la Stanza per la Tua Piantagione

Come coltivatore principiante, tutto ciò di cui hai bisogno è un piccolo spazio per la tua piantagione. Può essere un qualunque spazio inutilizzato della casa. Può anche essere una piccola tenda nel caso tu non abbia una stanza separata. Per iniziare, ti suggerisco di coltivare un piccolo numero di piante, e di aumentarne la quantità man mano che acquisisci esperienza. Puoi cominciare coltivando 5-6 piante. Col tempo imparerai molto e farai sempre meno errori, e potrai allora aumentare il numero di piante. Il beneficio dell'avere meno piante all'inizio è che, anche se dovessi commettere degli errori, perderai meno risorse e meno soldi.

7.2. Ora Scegli la Varietà Che Vuoi Coltivare

La decisione è ardua. Sativa, Indica, Ruderalis, ogni specie di Ibrido; tutte accessibili nell'arco di pochi minuti. La tua scelta dipende soprattutto da preferenze soggettive. Quali varietà si sono adattate al tuo gusto in passato? Quali varietà sono state benefiche per la gestione della tua malattia? Questi sono presumibilmente buoni punti da cui iniziare. Alla luce del tuo gusto personale, ora pensa alle tue condizioni di coltivazione. È corretto dire che stai coltivando in un piccolo locale in cui piccole piante dalla crescita veloce, come le varietà auto-fiorenti o l'Indica, costituirebbero l'uso migliore del tuo spazio? Oppure, al contrario, hai un grande cortile dove puoi lecitamente coltivare almeno un a grande pianta nel terreno o in enormi vasi?

7.3. Come Far Germogliare i Semi Che Hai Scelto

Dopo aver scelto i semi, devi farli germogliare. Per crescere perfettamente, ogni singolo seme ha bisogno del soddisfacimento di ogni sua necessità. Il seme selezionato richiede poche condizioni base per germogliare:

1. umidità;
2. temperatura adeguata;
3. luogo favorevole.

La coltivazione dei semi è un'arte che impari col tempo. Ci sono numerosi metodi a cui è possibile affidarsi per la germogliazione dei semi. Il metodo da te selezionato dipende interamente dalla tua scelta.

7.3.1.   Direttamente nel Terreno

Puoi usare un piccolo o un grande vaso per la germogliazione del seme. In questo modo puoi anche evitare il trapianto dei semi in un altro terreno dopo la germogliazione. Questo è un metodo abbastanza facile ed efficiente.

7.3.2.   Inumidisci dei Tovaglioli di Carta

Se riesci a mantenere l'idratazione, umidità e temperatura di un tovagliolo di carta per alcuni giorni e al contempo a tenerlo al buio, puoi usarlo per la germogliazione dei semi. Questo può di solito essere ottenuto coprendo il tovagliolo di carta bagnato con una busta di plastica o un piatto.

7.3.3.   Innaffia

Se mantieni i semi in una fonte d'acqua ricca di nutrienti, essi possono germogliare in circa una settimana e potrai quindi piantarli nel terreno.

7.3.4.   Stazioni di Germogliazione

Le stazioni di germogliazione offrono viscosità e controllo della temperatura, e possono velocizzare la germogliazione stessa fino al momento in cui le tue piante erompono in superficie e i cotiledoni perdonol'involucro del seme e si aprono per mostrare la loro composizione primaria.

7.4. Tieni a Mente il Potenziale di Crescita delle Tue Piante

La tua pianta ha una fase vegetativa e tu sei il maestro della coltivazione indoor. Quando cambi il ciclo di illuminazione a 12 ore di luce e 12 di buio, le tue piante iniziano la loro fase di fioritura. Tra la fase di fioritura e quella di raccolta, la dimensione della tua pianta aumenta di due o anche tre volte. Dovresti tenerlo a mente quando scegli lo spazio interno in cui coltivare le tue piante. Anche lo spazio tra due piante è importante, dev'essere sufficiente da permetterti di ispezionarle e tenerle d'occhio.

7.5. Pulisci il Tuo Spazio di Coltura Interno

Le piante di cannabis hanno il potenziale di accumulare di tutto intorno a loro. Quindi, dovrai assicurarti di mantenere l'area pulita e l'ambiente in ordine per garantire loro un ottimo stato di salute. Uno spazio sporco intorno alle piante aiuta l'accumulo di germi che possono causare il marcire delle radici o altri problemi alle piante. Ti consiglio di pulire il tuo spazio di coltura interno ogni due settimane.

7.6. Area a Prova di Luce

Direi di non confondere le tue piante. Questo lo spiegherò dopo. Come sai, la luce è importante per le piante e, per la maggior parte del tempo, dovrebbero ricevere luce diretta da una fonte di illuminazione interna. La luce giusta alla giusta altezza e intensità è molto importante. Ma dovresti anche tenere a mente che un periodo di buio è persino più importante del periodo di luce. Per ottenere il massimo risultato dovresti non confondere le piante. Quando si trovano nel periodo di buio non devono ricevere alcuna luce da alcuna fonte. Nella coltivazione indoor ciò può essere assicurato con una chiusura ermetica intorno alla piantagione, in modo che le piante non ricevano luce da nessuna fonte durante quella fase.

Dovresti non confondere le piante. Quando si trovano nel periodo di buio non devono ricevere alcuna luce da alcuna fonte.

Questi Sono i Tuoi Doveri per la Coltivazione Indoor:

1. Scegli un luogo nascosto da visitatori indesiderati;
2. scegli un luogo protetto dall'attacco di animali;

3. effettua un monitoraggio regolare;
4. chiudi ermeticamente l'area per evitare l'umidità esterna;
5. controlla la temperatura;
6. assicurati una facile accessibilità.

7.7. La Scelta della Fonte di Illuminazione Dev'Essere Corretta

Poiché stai coltivando all'interno, hai bisogno di una fonte di illuminazione artificiale, e questa fonte sarà l'elemento più importante nel determinare l'esito delle tue piante. Descriverò la selezione e il tipo di fonte di illuminazione nelle sezioni successive, ma per adesso dovresti tenere a mente che, per la coltivazione indoor, spenderai una gran parte del tuo budget per l'acquisto di questa fonte di illuminazione. Investire nella fonte di illuminazione ripaga con una coltivazione a lungo termine.

Farò ora una breve panoramica delle fonti di illuminazione usate oggigiorno.

7.7.1. Diodi emettitori di luce

I LED sono convenienti, facilmente disponibili e utili per i coltivatori di cannabis. La loro caratteristica è quella di usare meno energia e produrre poco calore, il che li rende un'ottima soluzione per la piantagione.

Il costo è l'unico fattore importante da tenere a mente nella scelta dei LED, poiché sono quasi 10-15 volte più costosi delle lampade HID. Per un coltivatore serio questo dovrebbe essere accettabile, poiché il suo costo migliorerà la qualità della piantagione, assicurandosi il ritorno dell'investimento. Assicurati di non acquistare LED difettosi/economici da venditori online non specializzati.

7.7.2.   Lampade di Coltivazione a Induzione

Nonostante non siano buone quanto quelle appena descritte, puoi scegliere queste lampade per la coltivazione indoor. Sono convenienti e non male in termini di benefici per la tua piantagione. Inventate da Nikola Tesla nel XIX secolo, sono migliori delle semplici lampade fluorescenti e più economiche di quelle LED e HID.

7.7.3.   HID – Lampade allo Xeno

Tenendo presente tutti i fattori (costo, efficienza e facilità di utilizzo), queste lampade HID sono la scelta migliore da fare nella selezione della fonte di illuminazione interna. Sii pronto a investire per il lungo termine, poiché il costo potrebbe aumentare esponenzialmente vista la tua necessità di installare accessori per far funzionare queste lampade in maniera adeguata. Molti coltivatori utilizzano uno o due tipi principali di lampade/lampadine HID.

Nel caso in cui tu debba sceglierne una, opta per la HPS, poiché sono le più efficaci su una scala "watt-a-luce".

Le lampadine ad alogenuri metallici (MH) sono le migliori per la fase vegetativa. Quelle a sodio a peso elevato (HPS) sono le più adatte per la fase di fioritura. Nel caso tu possa sostenere il costo di una di esse, scegli la HPS, poiché sono le più efficaci su una scala "watt-a-luce". Queste lampade producono molto calore, per cui bisogna spendere una somma considerevole per controbilanciare questo effetto installando una cappa/riflettore per ogni lampada. Un riflettore è necessario per controllare la temperatura della tua area di coltivazione di cannabis. La cappa o i riflettori scaricano il calore in eccesso verso la ventola di areazione, e in questo modo aiutano a mantenere la temperatura interna.

7.7.4.   Lampade Fluorescenti

Queste sono le più accessibili e facili da usare e rappresentano un'ottima scelta per chi non intende coltivare per un lungo periodo. Si tratta di lampade che non richiedono nessun accessorio e che possono essere installate senza connetterle alla fonte di ventilazione.

7.8. L'Aria Fresca È un'Ancora di Salvezza

L'aria fresca è indispensabile per la crescita delle piante. In fondo non ci vuole molto per mantenere l'aria fresca: coltivando all'interno, tutto ciò di cui hai bisogno sono due tipi di ventole, una che porti l'aria all'interno e un'altra che funga da ventola di scarico. Il numero di ventole dipende dall'area della tua piantagione. Per un piccolo coltivatore principiante bastano due ventole, come accennato. La ventola di scarico deve trovarsi dall'altro lato rispetto a quella di entrata e vicino al soffitto. Quando installate come descritto, la ventola di scarico aspira l'aria calda verso l'esterno mentre l'altra porta aria fresca all'interno.

Coltivando all'interno, tutto ciò di cui hai bisogno sono due tipi di ventole: una che porti l'aria all'interno e un'altra che funga da ventola di scarico. Il numero di ventole dipende dall'area della tua piantagione.

La fornitura d'aria porta con sé la quantità di CO2 necessaria alla tue piante, e al contempo mantiene la temperatura. Dovresti tenere a mente che le varietà Indica preferiscono una temperatura più bassa rispetto alle Sativa, che invece preferiscono temperature più calde. L'intervallo di temperatura normale, come descritto nei capitoli precedenti, è tra i 21-

29,5° C, e una ventilazione appropriata aiuta a mantenere questo intervallo di temperatura.

7.9. Non Puoi Tenerle d'Occhio 24 Ore al Giorno!

Grazie alle continue innovazioni scientifiche, oggi si può far uso di tanti piccoli dispositivi in grado di rendere la vita più semplice. Le tue piante di cannabis indoor, affinché crescano bene, necessitano di un adeguato controllo. Tuttavia, non puoi tenerle d'occhio tutto il giorno: ti serviranno dei dispositivi che lavorino al posto tuo per mantenere la temperatura e il pH ottimali e per controllare l'illuminazione. Un regolatore controlla e regola le lampade. Durante la fase vegetativa andrà impostato per fornire alle tue piante 16 ore di luce e 8 ore di buio. Quando vuoi che le tue piante entrino nella fase di fioritura, imposterai il timer in modo da fornire alle piante 12 ore di luce e 12 ore di buio. Un regolatore di temperatura controllerà le ventole di uscita e di entrata per controllare la temperatura e l'intensità della luce.

Un regolatore controlla e regola le lampade. Durante la fase vegetativa lo imposterai in modo da fornire alle tue piante 16 ore di luce e 8 ore di buio. Quando vuoi invece che le tue piante entrino nella fase di fioritura, farai in modo che il timer del regolatore fornisca 12 ore di luce e 12 ore di buio.

Installare un regolatore di pH aggiuntivo aumenta la qualità della tua coltura, aiutandoti a mantenere il pH dell'acqua o del terreno. Se scegli di coltivare nel terreno, dovrai mantenere il pH a 6-7, mentre se opti per l'idrocoltura allora l'intervallo di pH ottimale per la crescita migliore delle piante sarà tra i 5.5 e i 6.5.

7.10. Sei Tu a Decidere il Metodo di Coltivazione

Optare per una piantagione indoor comporta la scelta di un preciso metodo di coltivazione. Puoi coltivare nel terreno o puoi optare per l'idrocoltura. In quanto coltivatore principiante, ti consiglio di scegliere il terreno, poiché offre i vantaggi di essere economico e facile da gestire (avrai dunque meno probabilità di commettere errori). Al contrario, il sistema di idrocoltura è di solito più costoso e complicato (e avrai dunque più probabilità di commettere errori).

Descriverò ora le caratteristiche principali del terreno e del sistema di idrocoltura, in modo che tu possa avere le informazioni necessarie che ti aiutino a scegliere il metodo di coltivazione.

Metodi di Coltivazione	Terreno	Idrocoltura
Costo	Economico	Costoso
Gestione	Facile	Tecnica
Margine di errore	Basso	Alto

7.10.1. Terreno

Puoi utilizzare terreno pre-fertilizzato o vasi regolari. Il primo necessita meno manutenzione, Mentre quest'ultimo necessita di un'aggiunta periodica di nutrienti, il primo richiede poca manutenzione. Se scegli un terreno pre-fertilizzato di qualità, che abbia cioè tutti gli elementi nutritivi per le piante nelle giuste quantità, non dovrai fare particolari sforzi per prendertene cura.

7.10.2.   Sistemi di Idrocoltura

L'idrocoltura può favorire la crescita delle tue piante e il valore della tua piantagione. Tuttavia, in caso di errore, potresti perdere molti soldi e risorse. In questo sistema di coltivazione, le tue piante assorbono i minerali e i nutrienti di cui necessitano dall'acqua, ciò attraverso un processo chiamato osmosi. Una volta acquisita familiarità con questo metodo, avrai il vantaggio di scegliere il corretto valore di nutrienti e minerali per le tue piante. Attualmente, il mercato offre diversi kit per idrocoltura. Questi kit sono infallibili, nel senso che sono adatti a ciascuna varietà e a ciascuna fase di sviluppo delle piante. L'unico lato negativo di questo sistema è il costo, che per l'intero sistema è generalmente dieci volte più alto di quello del terreno pre-fertilizzato.

Attualmente, il mercato offre diversi kit per l'idrocoltura. Questi kit sono infallibili, nel senso che sono adatti a ciascuna varietà e a ciascuna fase di sviluppo delle piante.

Ti suggerisco di scegliere il terreno per la tua prima coltivazione.

7.11. Il Recipiente in cui Coltivare

Le tue piante non amano troppa acqua, quindi qualunque recipiente tu scelga dovrebbe avere un buon sistema di drenaggio. Se scegli un secchio, fai alcuni fori sul fondo per garantire un drenaggio appropriato. Nel caso tu abbia acquistato terreno, di solito esso viene venduto in appositi vasi per cui non sarà necessario l'impiego di altri recipienti. Ti suggerisco di acquistare un terreno ricco di nutrienti fornito di vasi con un appropriato sistema di mantenimento del flusso d'aria.

7.12. La Cannabis Ama i Nutrienti

Insieme al terreno e a un'illuminazione appropriata, altrettante importante è per le tue piante avere i nutrienti adeguati. La cannabis è una pianta resiliente, il che vuol dire che può crescere anche nelle condizioni più rigide, ma con il rischio di perdere qualità e quantità dei boccioli. A prescindere dal metodo di coltivazione in uso, ci sono sette macronutrienti indispensabili per la crescita ottimale della pianta di cannabis:

- azoto (N);
- potassio (P);
- calcio (Ca);
- fosforo (Ph);
- magnesio (Mg);
- ferro (Fe);
- rame (Cu).

Se scegli un terreno biologico, esso dovrebbe già contenere tutti i minerali e i nutrienti necessari. Ma nel caso di un terreno comune, dovrai acquistarli separatamente.

Se scegli un terreno biologico, esso dovrebbe già contenere tutti i minerali e i nutrienti necessari. Ma nel caso di un terreno comune, dovrai acquistarli separatamente. Sono facilmente reperibili in confezioni. Ogni varietà ha i suoi requisiti unici in fatto di cibo e, qualunque varietà tu scelga di coltivare, una semplice ricerca al riguardo ti darà le informazioni necessarie per garantire alle tue piante la corretta fornitura di nutrienti.

Per esempio, ci sono alcune varietà che, per crescere in boccioli sani, necessitano di più calcio di altre.

7.13. La Cannabis Ama l'Acqua Proprio Come Te!

Proprio come gli umani, la cannabis ha bisogno di acqua per rimanere in salute, ma non ne ama troppa. Un'appropriata fornitura d'acqua è indispensabile per le tue piante, ma troppa acqua può essere deleteria. Due fattori che devono essere considerati sono: frequenza e quantità. Questi due fattori dipendono dalla dimensione e dalla fase di sviluppo della pianta. Le piante necessitano di meno acqua durante la fase vegetativa e quando hanno dimensioni piccole, mentre necessitano di più acqua durante la fase di fioritura. L'innaffiamento eccessivo causa più danni dell'innaffiamento ridotto. Se le foglie mostrano un afflosciamento notevole, allora è tempo di innaffiarla. Le radici di una pianta troppo innaffiata sono suscettibili a infezioni micotiche e marcitura. Un sistema di drenaggio adeguato per i recipienti può garantire che l'acqua in eccesso non si accumuli e venga drenata.

Un altro aspetto importante in tema di innaffiatura è la fonte d'acqua. Ti suggerisco di sceglierla con attenzione. La selezione casuale di acqua di rubinetto può condurre al danneggiamento delle tue piante a causa della saturazione per eccesso di cloro e minerali. Per evitare questo rischio, prova a usare un'acqua filtrata o a optare per l'acqua distillata. L'aggiunta di minerali potrebbe risultare molto nociva per le tue piante.

L'innaffiamento eccessivo causa più danni dell'innaffiamento ridotto. Se le foglie mostrano un afflosciamento notevole, allora è tempo di innaffiarla. Le radici di una pianta troppo innaffiata sono suscettibili a infezioni micotiche e marcitura. Un sistema di drenaggio adeguato può garantire che l'acqua in eccesso non si accumuli e venga drenata.

7.14. Le Tue Piante Hanno Bisogno di Te Ogni Giorno

Seppure non sia possibile tenere d'occhio le piante 24 ore su 24, ciò che puoi fare è fargli visita ogni giorno a un orario stabilito. Una visita di pochi minuti può fare la differenza. Potrai infatti monitorare la temperatura, il pH e la necessità di acqua delle tue piante. Quando la fase vegetativa si è conclusa e ti avvii verso la fase di fioritura, la tua visita giornaliera servirà anche a rimuovere le piante maschio. Ho già parlato dell'importanza di questa operazione, e anche tu sai quanto sia importante in qualità di appassionato di coltivazione di cannabis. Se stai coltivando semi femminizzati o cloni femminili, allora di solito non hai bisogno di preoccuparti delle piante maschio. Ma in ogni caso dovresti assicurarti che le tue piante di cannabis non siano sotto stress, perché potrebbero convertirsi in ermafrodite.

Quando la fase vegetativa si è conclusa e ti avvii verso la fase di fioritura, la tua visita giornaliera servirà anche a rimuovere le piante maschio.

7.15. Come Conoscere il Tempo di Maturazione della Cannabis

Al momento avvolti da abbondanti tricomi, i pistilli si stanno rimpicciolendo e stanno sviluppando la sfumatura. Arancione profondo, malva, un colore terroso, o rosso potrebbero emergere a seconda della specie. Le sacche di linfa ingrossate cominciano a cambiare sfumatura ovunque su tutta la pianta. Per iniziare, passando da chiaro e liscio a liscio e dorato. I grappoli di fiori sono talmente gonfi che sembra si siano girati all'indietro. Questi segnali ti dicono che è arrivato il momento di raccogliere il frutto del tuo arduo lavoro. Per un contenuto maggiore di THC, raccogli i tricomi quando sono dorati per il 20-30%. Per un profilo cannabinoide più esteso raccogli i tricomi quando sono dorati per il 60-80%. Presta dunque molta attenzione durante tutta la fase di raccolta.

Per un contenuto di THC più alto raccogli i tricomi quando sono dorati per il 20-30%. Per un profilo cannabinoide più esteso raccogli i tricomi quando sono dorati per il 60-80%.

7.16. La Tua Cannabis È Pronta per Essere Raccolta!

L'ultimo passo del tuo lungo e faticoso viaggio nella coltivazione della cannabis è raccogliere le tue piante. Molti principianti credono che le pepite appaiano autonomamente sul ramo e a quel punto dovranno raccoglierle, schiacciarle e cominciare a fumare.

I boccioli di un pianta di cannabis femmina normale e matura hanno un mix di foglie della chioma/zuccherose/acquose. Puoi potare i boccioli usando delle forbici. Inizialmente questo potrebbe risultare stancante, ma una volta che ci si abitua diventa piacevole. Le foglie acquose devono essere separate perché contengono molto meno THC. Le foglie della chioma sono lunghe e verdi, mentre quelle zuccherose sono corte. Ci sono alcune persone che usano anche le foglie zuccherose, ma la maggior parte delle persone non lo fa.

Inizialmente questo potrebbe risultare stancante, ma una volta che ci si abitua diventa piacevole. Le foglie acquose devono essere separate perché contengono molto meno THC.

La maggior parte di noi è interessata ai boccioli che contengono più THC. Le foglie zuccherose possono essere usate per produrre burro alla cannabis (cannabutter). Dopo averli tagliati, i boccioli vengono appesi per circa una settimana così che si essicchino. Essicca i tuoi boccioli in un luogo semibuio, fresco e con poca umidità. Idealmente questa procedura dovrebbe impiegare almeno quattordici giorni.

La maggior parte di noi è interessata ai boccioli che contengono più THC. Le foglie zuccherose possono essere usate per produrre burro alla cannabis (cannabutter).

Fai frequenti controlli per evitare l'eccessiva seccatura o la deformazione. Quando diventano secchi, i rami più delicati si spezzeranno mentre quelli più spessi diventeranno in qualche modo malleabili. La clorofilla si sarà *corrotta* e la coltura verde sarà stata sostituita dalle sfumature delle specie subordinate. Striature beige, verde chiaro, o persino blu scuro e viola possono svilupparsi man mano che i boccioli si seccano.

Dopo due settimane, potrai conservare i boccioli essiccati in un barattolo per uso futuro. Apri il coperchio o dai qualche colpetto al barattolo una volta al giorno per i primi quattordici giorni. Questo permetterà alla cannabis di sviluppare una viscosità proveniente dai tuoi boccioli. Quando i germogli risulteranno asciutti al tatto, dai dei colpetti al barattolo una volta a settimana.

Apri il coperchio o dai dei colpetti al barattolo una volta al giorno per i primi quattordici giorni. Questo permetterà alla cannabis di sviluppare una viscosità proveniente dai boccioli.

Puoi prendertene cura per quanto tempo vuoi. Ricorda che i miscugli psicotropici si asciugano e si convertono quando propriamente liberati, e diventano più psicoattivi. Questo processo impiega fino a un mese e mezzo quando curato in condizioni perfette. Tieni i contenitori in un luogo fresco e con poca luce. Il THC si separa in diversi cannabinoidi dopo qualche tempo di esposizione alla luce. Nel caso tu sia incerto sulla secchezza del bocciolo, testa i tuoi prodotti mentre si asciugano per riferimenti futuri. La cannabis essiccata generalmente non appare completamente asciutta a causa della cerosità della pece. Non ci metterai molto ad acquisire dimestichezza e a tirare fuori il massimo dalla tua cannabis prodotta in casa. Il sapore dei tuoi boccioli migliorerà con il tempo, devi solo avere pazienza.

La cannabis essiccata generalmente non appare completamente asciutta a causa della cerosità della pece. Non ci metterai molto ad acquisire dimestichezza e a tirare fuori il massimo dalla tua cannabis prodotta in casa.

7.17. Riflessioni Finali

Raccogliere cannabis è appagante per ogni amante della marijuana che abbia passione per tutte le parti della pianta. Bisogna procedere per gradi e accumulare nuove conoscenze raccolto dopo raccolto. Certo, commetterai degli errori ma fidati quando ti dico che l'intero processo sarà molto appagante, nonostante tutte le difficoltà.

8

ILLUMINAZIONE INTERNA

Nel caso tu abbia in mente di coltivare la tua cannabis indoor, ti sarai sicuramente documentato sulle varie alternative di illuminazione presenti sul mercato. Ogni coltivatore ha una particolare inclinazione verso una specifica illuminazione interna, e ha probabilmente ricevuto consigli su come impostare l'intero sistema. Tuttavia, come fai a capire se quello è il metodo migliore per te?

Uno dei modi più semplici di regolare la crescita della tua cannabis, e uno dei fattori vitali che contribuiscono ad essa, è il ciclo di illuminazione. Il processo con cui le piante producono cibo ed energia si chiama fotosintesi, ed esso dipende direttamente dalla luce. Le piante di cannabis tendono a reagire ai cambiamenti della luce naturale che circonda l'ambiente. Potrebbero germinare, crescere, fiorire e produrre semi in reazione ai cambiamenti intorno a loro. Dare meno di dodici ore consecutive di buio a qualsiasi varietà di cannabis non le permetterà di fiorire rapidamente. Al contrario, la pianta potrebbe impiegare più tempo a maturare, i suoi boccioli saranno più piccoli, e quindi alla fine otterrai risultati meno che ottimali da un punto di vista sia qualitativo che quantitativo.

Questi cambiamenti di esposizione alla luce, temperatura e umidità relativa, hanno degli effetti sulla pianta di cannabis. La variabile più importante, tuttavia, è quasi sempre la luce, specialmente durante i cicli in cui avviene l'illuminazione. I cicli di luce e buio sono più o meno paragonabili alla relazione tra ore del giorno e della notte.

Generalmente le piante di cannabis richiedono più luce durante la fase vegetativa, e la stessa quantità di luce e buio durante il ciclo di fioritura. I semi di cannabis vengono di solito germinati durante la primavera, quando le ore di luce naturale cominciano ad aumentare. Cresceranno persino fino a che le giornate diventeranno sempre più brevi.

Alla fine, come risultato dei giorni più corti che precedono l'inverno, le piante cominceranno il ciclo di fioritura in modo da riprodurre ed estinguere i loro geni. Quando i giorni sono più lunghi, la pianta di cannabis avrà il tempo e l'energia per sviluppare una forte struttura.

Grazie all'abbondanza di sistemi artificiali di coltivazione, questi cicli naturali possono essere usati a proprio vantaggio.

Come suggerito, i coltivatori possono esercitare un'influenza significativa sulla crescita delle piante. Uno dei metodi da usare a questo scopo viene chiamato "guidare". Guidare consiste nel prendere una pianta che è stata sottoposta a un'esposizione alla luce di 18-24 ore e cambiare all'improvviso tale esposizione, imitando il passaggio da primavera estate. Questa strategia stimola nella pianta un inizio veloce del ciclo di fioritura. È questa alta suscettibilità ai cambi dei cicli di luce e all'esposizione alla luce che rende la coltivazione di cannabis un successo per i coltivatori.

18 ore di ciclo di luce + 6 ore
di ciclo di buio = fase vegetativa

12 ore di ciclo di luce + 12 ore
di ciclo di buio = fase di fioritura

Una varietà di cannabis Sativa pura non è tanto suscettibile ai cambi di luce quanto alcune altre varietà, poiché proviene tipicamente da zone con clima tropicale. Di regola, il passaggio da notte a giorno è più stagnante nelle zone tropicali, e cambia moderatamente tra le stagioni. Questa è una ragione per cui la Sativa è più grande di altre varietà, impiegando fino a 5 mesi interi per raggiungere lo sviluppo. Poiché diventa enorme prima della fioritura, questa non è una varietà indicata per i coltivatori indoor. Gli ibridi invece possono essere coltivati senza problemi.

I coltivatori possono influenzare in maniera significativa la crescita delle piante. Uno di questi metodi è chiamato "guidare". Guidare consiste nel prendere una pianta che è stata sottoposta a un'esposizione alla luce di 18-24 ore e ridurre di colpo tale esposizione a 12 ore

Non esitare a documentarti sui cicli di luce. Ogni varietà di cannabis risponderà in maniera diversa a diversi aggiustamenti. Soprattutto, il ciclo di luce è critico per l'ottenimento del risultato finale. La pianta prospererà nel momento in cui riceverà la perfetta quantità di luce. Una pianta germoglia quando la proporzione di luce/buio è equivalente, mentre smette di germogliare quando i cicli di buio sono inferiori ai cicli di luce.

Più Metodi di Illuminazione = Più Cannabis

Che tu decida di coltivare la tua cannabis all'interno o all'esterno, necessiterai di buone fonti di luce. Più metodi di illuminazione equivalgono a più cannabis. In natura, le piante usano il sole. La luce è l'energia che rende possibile la fotosintesi, convertendo l'energia in glucosio e ossigeno. La fotosintesi separa l'idrogeno dall'ossigeno e poi lega l'ossigeno con il glucosio.

8.1. L'Importanza del Glucosio come Carburante per la Pianta

Il glucosio è la sostanza che controlla la struttura essenziale e lo sviluppo delle capacità che trasformano la pianta di cannabis da seme a pianta adulta. Le tue piante utilizzano molta luce per crescere, e più è e meglio è. La cosa importante da ricordare è che la terra compensa qualunque quantità di luce. Oltre a controllare i cicli di illuminazione, devi anche monitorare la temperatura, l'umidità relativa e la qualità dell'aria all'interno dell'ambiente. Dopodiché la tua pianta necessiterà dei supplementi fondamentali e di molta acqua. Il tuo obiettivo è quello di ottenere boccioli di ottima qualità, e questo dipende in parte dalla quantità di luce che le tue piante ricevono. La cannabis è particolarmente suscettibile all'eccesso di illuminazione, e la qualità e dimensione dei tuoi boccioli dipenderà in parte da ognuno di quei lumen (lm).

In definitiva, hai bisogno di almeno 30.000 lm per ogni metro quadro del tuo spazio di coltivazione indoor. Con le corrette modifiche all'intensità della luce, puoi arrivare anche a 80.000 lm per ogni metro quadro.

Hai bisogno di almeno 30.000 lm per ogni metro quadro del tuo spazio di coltivazione indoor. Con le corrette modifiche all'intensità della luce, puoi arrivare anche a 80.000 lm per ogni metro quadro.

Se le piante ricevono molta luce, arriveranno al punto di produrre più foglie che boccioli. Ma è vero anche l'opposto. Se una pianta non riceve abbastanza luce, la maggior parte di energia verrà dedicata alla produzione di foglie e otterrai un raccolto peggiore. Questo perché la pianta, nel tentativo di rimediare alla poca luce, genera altre foglie. La quantità di luce che le tue piante ricevono influenza significativamente la loro crescita. Il sole ha la priorità, ma puoi controllare tutti i tipi di luci presenti nel tuo spazio di coltivazione per ottenere grandi risultati. La fotosintesi e altre varie reazioni legate alla clorofilla, vengono energizzate dalla luce nello spettro dell'arancione, rosso e blu. Il fototropismo è vincolato alle tonalità che vanno dal blu al brillante. Il principio generale da ricordare sulla luce e sullo sviluppo della cannabis è che le tonalità di rosso favoriscono la fioritura, mentre le tonalità di blu favoriscono la fase vegetativa.

I cicli o i lassi di tempo in cui la tua pianta riceve luce sono altrettanto significativi. Mentre la tua pianta si sviluppa, deve ricevere intorno alle 18 ore di luce con intervalli regolari di buio. Quando si trova al punto ideale per la fioritura, devi cambiare a 12 ore di luce e 12 ore di buio. Un aspetto estremamente piacevole della coltivazione indoor è che hai pieno controllo sull'illuminazione: sei tu a decidere come gestire i periodi di notte e giorno, pertanto devi essere consapevole di fornirla in quantità ottimale allo scopo di permettere alle tue piante di prosperare.

Il principio generale da ricordare sulla luce e sullo sviluppo della cannabis è che le tonalità di rosso favoriscono la fioritura, mentre le tonalità di blu favoriscono la fase vegetativa.

8.2. Scegliere la Migliore Fonte di Luce

Se stai coltivando all'interno, dovrai decidere come meglio impostare le tue lampade. Dipende tutto dalla dimensione della stanza di coltivazione, dai tuoi bisogni energetici e da quanto tempo e denaro sei disposto ad investire per l'illuminazione.

Quando è il momento di scegliere un sistema interno di illuminazione, il primo passo da compiere è quello di occuparsi del metodo di illuminazione da utilizzare. Sii pratico e ricorda che le lampade consumano molta energia. Le possibilità sono tante, e su esse mi sono soffermato nel capitolo precedente. In questo capitolo parlerò più delle diverse decisioni che puoi prendere e di alcuni pro e contro di diverse impostazioni di illuminazione. Offrirò una panoramica di alcune tra le varie opzioni di illuminazione che un coltivatore di cannabis ha a sua disposizione. Sebbene si discuta spesso in merito a quali lampade siano le migliori, la scelta finale dipende dal coltivatore, più specificatamente dal tempo e dai soldi che è disposto a investire nella struttura dell'illuminazione.

Sii pratico e ricorda che le lampade consumano molta energia. Quando sei chiamato a decidere circa il sistema di illuminazione, avrai a disposizione una gran quantità di opzioni diverse.

8.3. HPS — Lampade a Vapori di Sodio ad Alta Pressione

Fino alla metà degli anni '80 circa, gli americani utilizzavano molta più energia degli europei. Questo perché molti europei utilizzavano già riflettori orizzontali e avevano sviluppato lampade HPS, mentre gli americani si servivano di riflettori verticali e lampade a ioduri metallici. Le lampade HPS hanno un raggio di ombreggiatura ideale per le piante di cannabis durante la loro fase di fioritura, mentre le lampade a ioduri metallici sono impareggiabili per la fase vegetativa. Le lampade HPS funzionano anche con altre lampade HID, e producono luce curvando la corrente attraverso un bulbo contenente xeno e gas di sodio; producono una luce fioca rosa che si trasforma rapidamente in una luce arancio-rosa una volta riscaldata. Queste luci funzionano magnificamente per la coltivazione indoor, specialmente per piante alla ricerca della fase di fioritura dello sviluppo. Puoi acquistare lampade HPS di diverse potenze: 250w, 400w, 600w e 1000w. Cerca di non dipendere dall'utilizzo delle lampade a 1000w a meno che tu non stia coltivando in un'enorme campo in un rifugio sotterraneo. Prova anche a rinfrescare la tua creazione con un sistema di ventilazione. L'opzione più appropriata è quella di utilizzare due lampade HPS da 400w o da 600w: queste diffonderanno la luce uniformemente sulle tue piante e, siccome non sono eccessivamente lontane tra loro, non corri il pericolo della decolorazione da luce. Ricorda che, essenzialmente, dovresti utilizzare una luce brillante a seconda della tua lampada a vapori di sodio.

Puoi acquistare lampare HPS di diverse potenze: 250w, 400w, 600w e 1000w. Cerca di non dipendere dall'utilizzo delle lampade da 1000w a meno che tu non stia coltivando in un'enorme campo in un rifugio sotterraneo.

Le lampade Agro sono una scelta altrettanto valida. Prodotte da Philips, le lampade "Agro" rientrano nel raggio del blu, e sono quindi economiche. Avrai il vantaggio di cambiare le lampade una volta all'anno anche nel caso tu le tenga costantemente o frequentemente in funzione.

8.4. CFL — Lampade Fluorescenti

Durante la fase vegetativa dello sviluppo della cannabis, le lampade fluorescenti venivano utilizzate dai coltivatori per ricreare il sole, poiché erano state utilizzate per molto tempo da coltivatori e botanici per la coltivazione indoor e la germinazione precoce in luoghi gelidi. Sfortunatamente, queste lampade sono costose e ne servono parecchie per riprodurre la luce solare. Oggigiorno, i coltivatori utilizzano queste lampade quando le piante sono particolarmente sensibili al calore. Ciò è rilevante per la potatura e l'inseminazione nelle prime fasi dello sviluppo. Ricorda che queste lampade, nonostante tutto, hanno la possibilità di trovarsi vicino alle fragili estremità delle piante stesse, a circa 5 cm di distanza. Nel caso tu stia utilizzando lampade fluorescenti, ti serviranno anche dei riflettori da usare per amplificare la loro efficienza e risparmiare un po' di energia.

Oggigiorno, i coltivatori utilizzano queste lampade quando le piante sono particolarmente sensibili al calore.

8.5. Lampade ad Alta Potenza

Le lampade ad alta potenza sono state inizialmente sviluppate per essere utilizzate in campi aperti. Si tratta di lampade eccezionalmente innovative, usate da una gran quantità di botanici e orticoltori per sviluppare molte altre cose diverse dalla cannabis. Tra i diversi tipi di lampade HID abbiamo quelle al mercurio, agli ioduri metallici, e ai fumi di sodio. Escluderemo dalla scaletta le lampade al mercurio perché il loro limite lumen-a-watt è semplicemente troppo basso per competere con le altre.

8.6. MH — Lampade a Ioduri Metallici

Le lampade a ioduri metallici producono luce curvando la corrente elettrica attraverso il gas di mercurio mescolato con qualche ioduro metallico come tallio, torio o sodio. Il tipo di illuminazione che producono è l'ideale per il periodo vegetativo dello sviluppo della cannabis. È particolarmente utile per lo sviluppo delle foglie. Inoltre, è adattabile: lampade a ioduri metallici da 1000w sono frequentemente usate per l'attuazione della fase di fioritura delle piante. I coltivatori statunitensi hanno usato le lampade a ioduri metallici per un lunghissimo periodo prima dell'introduzione delle lampade HID, e ne apprezzano le qualità per tutti i periodi dello sviluppo della pianta.

8.7. Diodi Emettitori di Luce

I LED (Light-Emitting Diodes) sono diventati onnipresenti durante l'ultima decade sulla scena dell'illuminazione. Nonostante non siano ideali per lo sviluppo della cannabis, le lampade a LED offrono alcuni vantaggi. Per iniziare, sono a basso voltaggio, il che vuol dire meno denaro speso per la manutenzione e meno potenza per tenerle in funzione. Ciò detto, non producono praticamente alcun calore, il che vuol dire che, se utilizzi le lampade a LED, non hai lo stress di una stanza di coltivazione che si surriscalda. Inoltre riducono ulteriormente la tua dipendenza dall'impianto di ventilazione. Per i coltivatori che organizzano i sistemi di protezione, le lampade a LED offrono un'ulteriore gratificazione – il basso calore rende difficile distinguerle con strumenti di termo-rilevazione, e di solito non riconoscono il calore dell'infrarosso, al contrario delle più tipiche lampade HPS.

Ciò detto, non producono praticamente alcun calore, il che vuol dire che, se utilizzi le lampade a LED, non hai lo stress di una stanza di coltivazione che si surriscalda. Inoltre riducono ulteriormente la tua dipendenza dall'impianto di ventilazione.

L'illuminazione pilotata è anche più comoda, al contrario delle altre opzioni di illuminazione, grazie all'assenza del brusio di fondo emesso dalle lampade HPS. Ricorda che non tutte le lampade a LED sono uguali! Assicurati di controllare i bulbi e assicurati che siano ad alto wattaggio e che abbiano un alto valore di lumen. Più elevato è il loro calibro, più brillante sarà la tua illuminazione. Assicurati inoltre che le lampade a LED che hai selezionato siano espressamente prodotte per fornire un raggio di luce adeguato a consentire la fotosintesi delle piante. Le lampade pilotate richiedono sicuramente maggiori costi iniziali, il che può scoraggiare alcuni coltivatori. Tuttavia, sono efficaci. Lo sono soprattutto perché disperdono meno energia sotto forma di calore, evitando che l'ambiente si riscaldi, e quanto investito sarà recuperato in un paio d'anni.

Inoltre, anche se le tue lampade a LED dovessero stare in funzione continuamente, non correrai alcun rischio di incendio. Alcuni produttori dichiarano una vita delle loro lampade a LED di circa 100.000 ore, il che ti dà l'opportunità di coltivare e raccogliere per circa dieci anni. Il "Sistema Migliore" è la chiave nella scelta del tipo di lampade che potresti utilizzare come componenti della tua zona di coltivazione. Nel caso tu stia utilizzando uno spazio più piccolo di 0,46 metri quadri, considera l'utilizzo di lampade fluorescenti o HPS da 250w. Le lampade luminose sono piccole e ti permetteranno di potare bene le radici. Dopodiché, quando le piante saranno enormi, avrai bisogno delle lampade HPS.

Idealmente, nel caso tu abbia lo spazio, dovresti utilizzare le lampade a ioduri metallici quando la tua pianta è nella sua fase di sviluppo, e una lampada HPS per la fase di fioritura. Se utilizzi una lampada a ioduri metallici per entrambe le fasi, le tue piante produrranno più fogliame del previsto e un diverso numero di boccioli. Questo si tramuterà in un raccolto inferiore. Se utilizzi una lampada HPS durante entrambe le fasi, otterrai piante alte ma probabilmente non robuste come vorresti. Se vuoi differenziare l'uso delle lampade, considera l'utilizzo di una lampada di tipo "Agro". E non riempire l'area con lampade ad altissimo wattaggio e pensare che le tue piante prospereranno. Prova a non sprecare denaro e scopri come utilizzare al meglio i tuoi strumenti.

Idealmente, nel caso tu abbia spazio, dovresti utilizzare una lampada a ioduri metallici quando la tua pianta è nella sua fase di sviluppo, e una lampada HPS per la fase di fioritura. Se utilizzi una lampada a ioduri metallici per entrambe le fasi, la tua pianta produrrà più fogliame del previsto e un diverso numero di boccioli. Questo si tramuterà in un raccolto inferiore.

8.8. Come Disporre Lampade e Piante

Ora ti darò un importante consiglio su come disporre le piante e le lampade, offrendoti al contempo un paio di trucchi e metodi per evitare il protendersi delle tue piante. Continua a leggere perché quanto ti dirò ti aiuterà ad aumentare il tuo raccolto.

Come accade con tutte le piante, anche le foglie della pianta di cannabis utilizzano la luce per il processo fotochimico di produzione del cibo, e la pianta si orienta verso la luce a seconda delle necessità. All'esterno non è difficile osservare questo miracolo, e potrai vederlo anche all'interno. Nel caso tu metta le piante di cannabis troppo vicine l'una all'altra, queste bloccheranno l'accesso alla luce l'una con l'altra e avverrà meno fotosintesi. Ciò causerà loro seri problemi. Assicurati che ognuna di esse abbia accesso a molta luce.

Inoltre, fai in modo che la quantità di luce venga diffusa sulle piante in maniera uniforme.

È cruciale che i boccioli sulle tue piante ricevano tutti simili quantità di luce, indipendentemente dalle dimensioni. Per fare ciò, dovrai fare in modo che ogni pianta abbia molto spazio. Non devi avvicinare nessuna pianta per accumulare luce, rischieresti solo di coprire le altre.

Come accade con tutte le piante, anche le foglie della pianta di cannabis utilizzano la luce per il processo fotochimico di produzione del cibo, e la pianta si orienta verso la luce a seconda delle necessità. All'esterno non è difficile osservare questo miracolo, e potrai vederlo anche all'interno.

Dare alle piante molto spazio tra l'una e l'altra aiuterà, similmente, il passaggio dell'aria, che è fondamentale al mantenimento di un grado di umidità stabile. Se lasci che le piante si tocchino un po', metti a rischio la forma del bocciolo. Questo potrebbe favorire il proliferare di batteri e parassiti.

Se non stai coltivando un gran numero di piante enormi, puoi tenerle l'una accanto all'altra creando piccoli spazi tra loro. Fai in modo che ogni pianta abbia accesso alla luce e che non si "soffochi" con quelle vicine.

Un errore semplice per alcuni coltivatori è quello di mettere le loro piante di cannabis troppo lontane o vicine alla fonte di illuminazione. Chiaramente, se una pianta è troppo lontana dalla luce non produrrà un buon raccolto. Tali piante cresceranno troppo sottili e gracili. L'opposto è valido per la troppa vicinanza alla luce. Sarà eccessivamente caldo e le piante potranno seccarsi e persino morire.

Un errore commesso da alcuni coltivatori è quello di mettere le loro piante di cannabis troppo lontane o vicine alla fonte di illuminazione. Chiaramente, se una pianta è eccessivamente lontana dalla luce non produrrà un buon raccolto.

8.9. Distanza tra Lampade e Piante

In questo paragrafo mi soffermerò sulle distanze ottimali tra piante e lampade. Una cosa di cui ti devi assicurare è che la temperatura rimanga nei limiti del normale.

Se stai usando lampade fluorescenti, allora la distanza dovrebbe essere al massimo tra i 5 e i 10 cm. Una semplice lampadina dovrebbe essere distante tra i 15 e i 23 cm. Le distanze per le lampade HPS e a ioduri metallici sono basate sulla loro potenza, con una distanza tra i 20 e i 30,5 cm per lampade da 250w e tra i 30,5 e 41 cm per lampade da 400w.

Una cosa da ricordare sulle lampade e sulla loro disposizione, è che dovrai assicurarti di fornire ad ogni pianta la migliore esposizione alla luce. Le piante più basse dovrebbero dunque essere posizionate più vicine alla fonte di illuminazione rispetto a quelle più grandi, in modo da ricevere una quantità di luce proporzionale. Questo è un errore tipicamente commesso dai nuovi coltivatori (e da alcuni più vecchi).

Se stai usando lampade fluorescenti, allora la distanza dovrebbe essere al massimo tra i 5 e i 10 cm. Per una semplice lampadina dovrebbe essere tra i 15 e i 23 cm. La distanza per le lampade HPS e a ioduri metallici è basata sulla loro potenza, con una distanza tra i 20 e i 30,5 cm per lampade da 250w e tra i 30,5 e i 41 cm per lampade da 400w.

Utilizzare questa strategia, similmente, offre il vantaggio di mantenere le piante più basse fuori dall'ombra di quelle più grandi. Se le tue piante sono di dimensioni simili, non è impossibile spostare le stesse o le lampade per assicurarsi che ricevano una quantità proporzionale di luce.

8.10. Usa Materiali Riflettenti

C'è bisogno che ogni raggio di luce arrivi alle tue piante di cannabis. Il noto detto "Non sprecare e non ti verrà a mancare" si adatta perfettamente alla coltivazione della cannabis. A volte, la luce non raggiunge le piante a causa di un qualche ostacolo. Sarà in questo caso necessario posizionare le lampade su livelli piani, in modo da espandere la tecnica riflessiva. Riflettori disposti verticalmente senza dubbio perdono più luce di quelli orizzontali.

Inoltre, prova a non usare nessun riflettore con parabola singola. I riflettori a doppia parabola sono più efficaci nel riflettere la luce. Questo vale anche per i riflettori chiusi. I riflettori chiusi funzionano meglio perché dirigono la luce più proficuamente verso il centro. Questo implica la necessità di un riflettore chiuso a livello piano con una doppia parabola, indipendentemente dalle lampade che scegli.

I due materiali essenziali per i riflettori sono l'alluminio battuto e quello liscio. Ogni tipo di alluminio funziona magnificamente nel riflettere la luce, ma l'alluminio battuto aiuta a diffonderla. Alcuni coltivatori assicurano che dipingere di bianco i divisori di una stanza di coltivazione è sufficiente per la riflessività delle zone interne.

Prova a non usare nessun riflettore con parabola singola. I riflettori a doppia parabola sono migliori nel riflettere la luce. Questo vale anche per i riflettori chiusi. I riflettori chiusi funzionano meglio perché dirigono la luce più proficuamente verso il centro.

8.11. Installazione Sicura

Se sei un coltivatore alle prime armi, dedica un po' di tempo all'installazione delle numerose lampade e riflettori. Dopo aver installato le lampade principali e le apparecchiature elettriche, dovrai monitorare gli enormi flussi di elettricità. Se le cose non sono installate a dovere e monitorate con attenzione, potresti subire sovraccarichi di corrente, blackout e fiamme. A causa dell'alto voltaggio, tutto ciò potrebbe causare problemi e pericoli. Se stai usando una struttura di idrocoltura come molti coltivatori interni, avrai anche grandi quantità d'acqua sversata nella stanza di coltivazione. Acqua ed elettricità non vanno d'accordo. Assicurati che tutto sia fissato e sicuro in caso di inondazione o sversamento. Nel caso tu abbia bisogno di aiuto con l'elettricità e il cablaggio, affida questi compiti a uno specialista. In questo caso, assicurati che abbia esperienza e che sappia cosa sta facendo.

Considerato il pericolo frequente di sversamenti e inondazioni in una stanza di coltivazione, assicurati che tutti i tuoi apparecchi elettrici siano sollevati da terra. Tenere tutto sollevato da terra aiuta a evitare corto-circuiti nel caso di inondazione della stanza.

Prima di iniziare, assicurati che i tuoi cavi e le strutture elettriche siano adatte a gestire le grosse esigenze di una stanza di coltivazione.

Ti incoraggio ad affidarti ad un aiuto capace per l'energia e il cablaggio. Fai uno sforzo per non consumare l'energia di casa tua per le tue piante!

9

COME AVVIARE E MANTENERE UNA
COLTIVAZIONE OUTDOOR

Le linee guida di questo libro sono state scritte assumendo
che coltiverai la cannabis e le sue varietà medicinali in
una zona in cui è legalmente permesso.

La coltivazione outdoor è stato l'unico metodo di coltivazione della
marijuana per migliaia di anni. Molto prima che venissimo a
conoscenza dei meravigliosi effetti della cannabis, questa veniva già usata
come tutte le altre piante. Poi abbiamo imparato dei suoi effetti
psicoattivi, e ora abbiamo anche familiarità con i suoi usi medicinali. Le
due componenti della cannabis che ci interessano, il THC e il CBD, sono
ormai diventate centrali in ogni ricerca. È un fatto ben noto che coltivare
la cannabis outdoor produca una piantagione più rigogliosa e di maggiore
qualità. Nel corso degli anni, abbiamo imparato che coltivare outdoor

non vuol dire semplicemente buttare i semi nel terreno e aspettare che la magia si compia. Per una piantagione di qualità hai bisogno di metterci molto impegno, dall'inizio alla fine. In questo capitolo parlerò in maniera sistematica dei passaggi, dal primo all'ultimo, della coltivazione della cannabis outdoor. Inizierò proprio dal clima e concluderò con il periodo di raccolta. Continua a leggere, imparerai l'arte della coltivazione all'esterno!

È un fatto ben noto che coltivare la cannabis outdoor produca una piantagione più rigogliosa e di maggiore qualità. Nel corso degli anni abbiamo imparato che coltivare outdoor non vuol dire semplicemente buttare i semi nel terreno e aspettare che la magia si compia. Per una piantagione di qualità hai bisogno di metterci molto impegno.

9.1. Informati sul Tuo Clima

È di importanza critica avere una buona comprensione del clima della zona in cui coltiverai. La cannabis è incredibilmente versatile, eppure non ha difese contro un clima estremo. Temperature superiori ai 30°C bloccheranno lo sviluppo delle tue piante, mentre la produzione a temperature inferiori a 13°C può danneggiare le piante e persino causarne la morte. Precipitazioni eccessive e forti venti possono fisicamente danneggiare le piante e diminuirne il rendimento, ed eccessiva umidità può portare a deformazioni e problemi di accumulo, specialmente durante la fase di fioritura. Devi comprendere come la lunghezza del giorno cambia durante le stagioni. Comprendere la misura della luce solare durante le stagioni è importante per far passare le piante dalla fase vegetativa a quella di fioritura, quella in cui iniziano a produrre boccioli. Consigliati se puoi con qualche specialista della zona che sarà in grado di darti tutte le informazioni sullo sviluppo dei boccioli e dei vegetali e i cui dati possono essere applicati alla coltivazione di cannabis. Nel caso tu abbia qualche esperienza nella coltivazione e nello sviluppo di vegetali, sarai probabilmente in grado di capire che coltivare cannabis outdoor è davvero semplice.

Temperature superiori ai 30°C bloccheranno lo sviluppo delle tue piante, mentre produrre a temperature inferiori ai 13°C può danneggiare le piante e persino causarne la morte. Precipitazioni eccessive e forti venti possono fisicamente danneggiare le piante e diminuirne il rendimento, ed eccessiva umidità può portare a deformazioni e problemi di accumulo, specialmente durante la fase di fioritura.

9.2. Scegli il Luogo della Tua Coltivazione

Scegliere un luogo per la tua coltivazione outdoor è uno degli step più importanti. Le tue piante di cannabis dovranno essere esposte il più possibile alla luce solare. Idealmente questo avviene durante le ore centrali del giorno, quando la luce naturale è ottimale. Con il cambio delle stagioni e l'avvicinarsi dell'autunno, le tue piante riceveranno sempre meno luce solare durante il giorno, il che innescherà la fase di fioritura. Avere una brezza costante è altrettanto utile, specialmente in ambienti molto caldi. In ogni caso, se vivi in una regione con forti venti, considera l'installazione di un tagliavento o simili, come un divisore, una staccionata o una grande pianta. Infine, potresti aver anche bisogno di camuffare il vivaio per tutelarti dai vicini e dai ladri. Muri alti e grandi cespugli o alberi sono le scelte più intelligenti, a meno che tu non viva in una zona isolata. Allo stesso modo, molte leggi impongono che tu tenga le piante di cannabis *al riparo dalla strada*. C'è chi coltiva in compartimenti su strapiombi o tetti protetti dagli sguardi. Qualunque sia la tua scelta, considera quanto grande la tua pianta dev'essere. Le piante di cannabis outdoor possono svilupparsi fino a 3,5 metri di altezza o più, a seconda di quanto glielo permetti.

Infine, devi considerare la protezione e la sicurezza. Potresti anche aver bisogno di camuffare il vivaio dai vicini e dai ladri. Muri alti e grandi cespugli o alberi sono le scelte più intelligenti, a meno che tu non viva in una zona isolata.

9.3. Scegli la Varietà Migliore in Base al Tuo Clima

Il livello di sviluppo della tua cannabis outdoor dipenderà anche dalla scelta della giusta varietà per il tuo specifico clima e per la tua zona. Se vivi in un territorio con un passato segnato da coltivazioni di cannabis, ci sono buone probabilità che numerose varietà cresceranno bene lì, e alcune potrebbero addirittura essere state sviluppate appositamente per il tuo clima.

9.3.1. La Difficile Scelta di Iniziare con Semi o Cloni

Le piante sviluppatesi dai semi possono essere più generose in gioventù rispetto ai cloni. Puoi tranquillamente piantare i semi nel vivaio nel tardo inverno, anche in un clima freddo e piovoso. Lo svantaggio principale nel coltivare a partire dai semi è che non c'è nessuna garanzia su cosa otterrai. Se i tuoi semi non diventassero femminizzati, potresti ottenere entrambi maschi e femmine, nel qual caso dovrai sessualizzarli e liberarti dei maschi (solo le femmine producono boccioli). In ogni caso, quando hai ogni singola pianta femmina, ognuna sarà di un fenotipo alternativo di una varietà simile. Per ottenere il meglio dalla varietà, devi scegliere il fenotipo migliore, il che può essere una procedura lunga. Molti coltivatori principianti iniziano con semi femminizzati. A seconda della legittimità della cannabis nel tuo Stato, potresti dover acquistare cloni. Ma alcuni produttori lo evitano perché non sono resistenti quanto le piante sviluppatesi dai semi.

Per ottenere il meglio dalla varietà, dovrai scegliere il fenotipo migliore, il che può essere una procedura lunga. Molti coltivatori principianti iniziano con semi femminizzati. A seconda della legittimità della cannabis nel tuo Stato, potresti dover acquistare cloni o semi.

Un'altra opzione ben conosciuta per la coltivazione outdoor sono i semi auto-fiorenti, che iniziano a fiorire quando arrivano allo sviluppo, indipendentemente dalla lunghezza del giorno. Con la cannabis auto-fiorente puoi avere un rendimento dallo sviluppo veloce e dalle numerose raccolte nell'arco dell'anno. Il lato negativo della cannabis auto-fiorente è che generalmente è molto meno potente.

9.4. Assicurati di Scegliere il Terreno Migliore

Il terreno è composto da tre elementi fondamentali in proporzioni diverse:

- terra;
- sabbia;
- sedimenti.

Puoi legittimamente piantare nel terreno o comprare del terriccio e metterlo nei vasi. Le piante di cannabis prosperano in un terreno ricco di nutrienti naturali e hanno bisogno di grandi quantità di fertilizzante. Nel caso tu scelga di coltivare direttamente nel terreno, dovrai comprenderne la struttura e modificarlo come più appropriato. Un terreno eccessivamente sporco non mantiene bene l'ossigeno, quindi dovrebbe essere fortemente modificato. In ogni caso, un mese prima di avviare la coltivazione, scava grossi fossi in cui andrai a mettere le tue piante di cannabis e mischiaci grandi quantità di fertilizzante, composto, una colata di vermi o altri elementi naturali deteriorati. Questo favorirà la circolazione dell'aria e fornirà nutrienti alle piante.

Un suolo sabbioso è tutt'altro che difficile da lavorare. Esso si riscalda velocemente ma non assorbe bene i nutrienti, specialmente in situazioni burrascose. Ancora una volta, avrai bisogno di scavare grossi fossi per le tue piante e includere fertilizzante, vegetazione torba o torba di cocco, che ti aiuterà a legare il terreno. In climi molto caldi, il terreno sabbioso dev'essere pacciamato per aiutare il mantenimento dell'acqua e per proteggere le radici dal surriscaldamento.

Il terreno limaccioso è il perfetto mezzo di coltivazione. È tutt'altro che difficile da lavorare, si riscalda facilmente, mantiene l'umidità e contiene molti nutrienti. Il miglior terreno limaccioso è quello opaco e friabile. È ricco e molto probabilmente non necessiterà di alcuna alterazione. Nel caso tu voglia assicurarti grandi risultati, potrai far testare il terreno, il che è semplice e generalmente economico. Grazie a tali test sul terreno scoprirai il suo pH, l'eventuale presenza di contaminazioni, e i fertilizzanti migliori da usare.

Un terreno eccessivamente sporco non mantiene bene l'ossigeno, quindi dovrebbe essere fortemente modificato. In ogni caso, un mese prima di avviare la coltivazione, scava grossi fossi in cui andrai a mettere le tue piante e mischiaci grandi quantità di fertilizzante, composto, una colata di vermi o altri elementi naturali deteriorati. Questo favorirà la circolazione dell' aria e fornirà nutrienti alle piante.

9.5. Fai Uso di Fertilizzante

Le piante di cannabis necessitano di molti supplementi, soprattutto azoto, fosforo e potassio. Come scegliere il modo in cui prendersene cura dipende dalla struttura del suolo e dalle tue strategie. I fertilizzanti commerciali, adatti alle piante casalinghe, possono essere usati se hai una buona comprensione della loro azione. In ogni caso, un coltivatore alle prime armi dovrebbe mantenere una distanza strategica da questi fertilizzanti, specialmente se granulati.

9.5.1.   I Nutrienti Migliori per una Coltivazione Outdoor

Sebbene si trovino sul mercato supplementi prodotti specificamente per la cannabis, il loro costo è elevato e possono danneggiare i microorganismi del terreno – sono generalmente composti da sali minerali da preferire per la coltivazione indoor. I trattamenti naturali sfruttano la vita microbica presente nel terreno e limitano la propagazione di malattie. Ci sono diversi composti naturali disponibili come blood feast, bone dinner, fish supper, bat guano e kelp supper. Inizia con composti modesti e subito accessibili. Una parte di questi materiali scarica rapidamente supplementi e per questo sono facilmente assorbiti dalle piante, mentre altri impiegano settimane o mesi per distribuire supplementi utilizzabili. Quando fatto accuratamente, puoi mischiare un paio di questi prodotti al tuo terreno così da fornirgli abbastanza supplementi per l'intero arco di vita delle tue piante. Ancora un volta, testare il tuo terreno può essere molto utile e ti farà capire come modificarlo e quali tipi di misure e fertilizzanti utilizzare. Nel caso tu sia incerto sulla quantità da utilizzare, usa la moderazione. Puoi sempre fornire nutrienti alle tue piante successivamente se dovessero iniziare a mostrarne una mancanza.

9.6. E Se Non Hai un Terreno?

Se non hai un terreno, puoi sempre mettere le tue piante in dei contenitori. Lo stesso dicasi nel caso in cui non volessi sobbarcarti il lavoro di scavare i fossi e lavorare il terreno: ancora una volta, i contenitori potrebbero essere la strada da seguire. Nel caso tu non abbia un tipo di terra adatto alla creazione del vivaio, puoi creare dei compartimenti su terrazze, cortili, tetti e altri luoghi. Se necessario, puoi spostare le piante durante il giorno per sfruttare il sole o per proteggerle da un eccessivo calore o vento. Puoi utilizzare ugualmente supplementi base per la cannabis anche se destinati alla coltivazione indoor, poiché utilizzerai terreno premiscelato. Tuttavia, piante che crescono in vasi, bacini o botti, saranno probabilmente più piccole di quelle piantate nel terreno, perché lo sviluppo delle loro radici è confinato allo spazio del contenitore.

Se necessario, puoi spostare le piante durante il giorno per sfruttare la luce del sole o per proteggerle da un eccessivo calore o vento. Puoi utilizzare ugualmente supplementi base per la cannabis anche se destinati alla coltivazione indoor, poiché utilizzerai un terreno premiscelato.

La dimensione del vaso decide la dimensione della pianta, anche se è possibile sviluppare piante enormi in piccoli contenitori usando le corrette strategie. Vasi da 19 litri sono una buona dimensione per piante outdoor di piccole o medie dimensioni, e vasi da 38 litri sono suggeriti per piante molto grandi. Senza considerare la dimensione, avrai bisogno di proteggere le fondamenta alla base delle tue piante dal surriscaldamento in caso di climi caldi, poiché i vasi possono diventare bollenti velocemente sotto la luce diretta del sole. Questo limiterà seriamente lo sviluppo delle piante, quindi assicurati di coprire i contenitori quando il sole è alto.

Anche se le coltivazioni esterne di cannabis hanno il vantaggio di usare l'acqua piovana e le falde acquifere, ogni tanto sarà necessario innaffiare le tue piante, specialmente nei caldi mesi estivi. Alcune piante di cannabis necessitano di circa 38 litri d'acqua al giorno in climi caldi. I coltivatori che vivono in aree molto calde e secche, dovranno scavare continuamente e mettere nuovo terreno, o smuoverlo, così da incanalare l'eccesso d'acqua verso altre piante. Aggiungere al terreno pietre di un polimero che trattiene l'acqua è un altro metodo utile per migliorarne il mantenimento. Innaffia con cura le tue piante durante la prima parte del giorno per fornire una quantità d'acqua adeguata per l'intera giornata. Nel caso tu viva in una zona con un clima particolarmente piovoso, potresti aver bisogno di trovare un modo per rafforzare le filtrazioni attorno al tuo vivaio, perché le radici di cannabis sono vulnerabili a malattie contagiose quando diventano pregne d'acqua. Questi metodi includono:

- coltivare in aiuole elevate o colline;
- scavare fossati che muovono immediatamente l'acqua lontano dal vivaio;
- aggiungere rocce, pietre di terra o perlite al terreno.

Aggiungere al terreno pietre di un polimero che trattiene l'acqua è un altro metodo utile per migliorarne il mantenimento. Innaffia con cura le tue piante durante la prima parte del giorno per fornire una quantità d'acqua adeguata per l'intera giornata.

Nel caso stessi utilizzando acqua di rubinetto o di pozzo, sarebbe opportuno testarla. Quest'acqua potrebbe contenere livelli elevati di minerali scomposti che potrebbero svilupparsi nel terreno e influenzare il livello di pH, o potrebbe avere elevati livelli di cloro in grado di uccidere qualunque importante microorganismo del terreno. Molte persone filtrano la loro acqua.

Piante coltivate in climi molto caldi o ventilati, dovrebbero essere innaffiati di più, perché temperature alte e vento causano la morte delle piante a una velocità più elevata.

Ricorda che l'eccessivo innaffiamento è un errore comune commesso dai coltivatori alle prime armi – le linee guida generali dicono di innaffiare con cura, a quel punto aspettare che i primi 2,5-5 cm di terreno siano asciutti, e solo allora innaffiare di nuovo. Uno strumento che misuri l'umidità del terreno è economico e utile per un principiante.

9.7. La Cannabis Ha Bisogno della Tua Protezione

Coltivare cannabis outdoor è qualcosa di profondamente diverso dal farlo in un ambiente chiuso. Coltivare all'interno include riprodurre un habitat comune e dà alla persona il controllo su ogni fattore, dalla temperatura all'umidità all'illuminazione. Coltivando all'esterno, mentre le piante di cannabis affrontano molti problemi ambientali, gli insetti rappresentano un pericolo molto maggiore. Indipendentemente dalla dimensione di queste prevedibili sfide, coltivare outdoor è un processo incredibilmente gratificante. Tenere d'occhio le tue piante mentre la nebbia del primo mattino plana sull'erba coperta di rugiada è un'esperienza quasi ultraterrena, e controllare le foglie e i boccioli mentre la brillante lucentezza della notte accarezza il fogliame è qualcosa che semplicemente va oltre l'immaginazione. Inoltre, se coltivate in aiuole, le piante hanno la possibilità di allargare le loro radici e svilupparsi in dimensioni più grandi e produrre raccolti enormi, al contrario delle loro compagne indoor.

10

TECNICHE DI COLTIVAZIONE
OUTDOOR

Normalmente, in generale, una volta che abbiamo le nostre varietà preferite, possiamo aspettare la fine dei freddi e lunghi mesi invernali. Tuttavia, ogni situazione è a sé, le condizioni per chi vive in Pakistan sono uniche rispetto a quelle di chi vive in Messico. In egual misura, ci sono talmente tante varietà da soddisfare i gusti di chiunque. Dopo aver scelto i tuoi semi di cannabis preferiti, il passo seguente sarà chiaramente quello di coltivarli. È ovvio che ciò debba essere fatto in maniera efficace o i semi saranno inutili. Sii paziente e ricorda che alcuni semi possono necessitare di particolari condizioni per crescere. Per risultati migliori, segui questa strategia di germinazione.

Ogni situazione è a sé, le condizioni per chi vive in Pakistan sono uniche rispetto a quelle di chi vive in Messico. In egual misura, ci sono talmente tante varietà da soddisfare i gusti di chiunque.

La cosa positiva del coltivare outdoor è che puoi ottenere un raccolto imponente con rischi minimi. Chi non lo vorrebbe?

Possiamo iniziare appena siamo sicuri di tutto, dalla selezione della varietà, a quella del suolo e alle tecniche.

Prima di cominciare la tua attività outdoor, ci sono alcuni fattori da considerare utili a garantirti il successo. Qui di seguito è descritta una sintesi delle tecniche fondamentali per la coltivazione outdoor delle migliori qualità di cannabis.

10.1. Hai la Fortuna di Avere uno Spazio Appropriato?

Prima di provare a coltivare la cannabis outdoor, è fondamentale assicurarsi che l'area in cui si vive sia appropriata per questa coltivazione. Nel caso tu viva in un ambiente urbano o rurale di una zona che non favorisce la cannabis, bene faresti a decidere di coltivare all'interno.

10.2. La Temperatura È Sempre Importante

La cannabis è una pianta incredibilmente flessibile e versatile, che prospera in natura in tutto il mondo, dalle zone calde tropicali e dell'equatore, alle atmosfere rigide dell'Asia centrale. È probabile dunque che la tua zona sia adatta allo sviluppo della cannabis. Potrebbe però accadere che nella tua zona la pianta non sviluppi tutto il suo potenziale. Sopportare temperature superiori ai 30°C causerà il rallentamento o il blocco della crescita della pianta, mentre temperature inferiori ai 13°C ridurranno la salute della stessa e potrebbero causare la morte. Prima di avviare la coltivazione, assicurati che la tua area rientri nel giusto intervallo di temperature. È fondamentale sapere che alcune varietà si sviluppano meglio in specifici climi, cosa che approfondiremo più avanti.

10.3. L'Esposizione alla Luce del Sole Dipende Direttamente dall'Area Che Hai Scelto

Un'altra considerazione da fare riguarda la disposizione topografica che indica la posizione nord-sud di un punto della Terra. I lunghi periodi di luce cui la pianta è sottoposta durante il giorno sono importanti per due ragioni. La prima è che per le piante la luce ha un ruolo chiave per la fotosintesi, con cui convertono la luce solare in carburanti come il glucosio. L'altra ragione è che le varietà fotoperiodiche necessitano di un occasionale spostamento del ciclo di luce per "sapere" che il periodo di raccolta si sta avvicinando e che quella è l'opportunità ideale per sbocciare. Capire in quale punto si trovi la tua area ti aiuterà a sapere esattamente quanta luce le tue piante riceveranno ogni giorno della stagione e quando potrebbero cominciare a fiorire.

10.4. Il Luogo Migliore È Quello con una Luce Solare Ottimale e una Gentile Brezza

Trova un luogo che riceva più luce solare possibile. Più le tue piante possono fotosintetizzare, più carburante produrranno per sviluppare raccolti importanti. Nel caso tu viva in una zona in cui la stagione estiva è particolarmente calda, controlla l'idratazione delle piante. Collocare le piante in un luogo il più possibile ventilato le aiuterà a svilupparsi meglio e a sopportare il peso dei loro futuri boccioli. Le piante si adattano a leggere brezze costanti diventando più resistenti, specialmente se più giovani. Nel caso la tua zona sia soggetta a venti intensi, considera l'installazione di tagliavento o il posizionamento delle piante in prossimità di divisori o protezioni naturali.

10.5. Quando Coltivare?

I coltivatori indoor hanno il vantaggio di impostare l'ambiente da loro scelto e modificarlo come necessario. Una delle restrizioni della coltivazione outdoor è il fatto che è la natura a comandare, e quando decide che è troppo freddo per le piante allora a quel punto... è già troppo tardi.

10.6. La Coltivazione Outdoor Dipende Molto dai Cambi di Temperatura

C'è un periodo dell'anno, la stagione dello sviluppo, in cui i coltivatori devono piantare i semi, sostenerli durante le fasi vegetativa e di fioritura, e raccoglierli. Chi è fortunato da vivere ai tropici può coltivare cannabis tutto l'anno, ma quelli che vivono molto più a nord dovrebbero adattarsi ai ritmi menzionati.

10.7. Tieni a Mente i Cambi di Temperatura e il Calendario di Interramento

È possibile iniziare a coltivare all'interno, dove le piante saranno protette dalla presenza del freddo (o ghiaccio), e successivamente rilocarle all'esterno. In molti territori dell'Europa e degli Stati Uniti dovrebbe essere possibile spostare le tue piante nel terreno intorno a maggio. Il periodo di raccolta generalmente cade tra settembre e ottobre, tuttavia potrebbe anche dipendere dal tempo di fioritura e dalle caratteristiche della varietà.

10.8. Fattori Che Influenzano la Scelta della Varietà di Cannabis

Esiste un enorme numero di varietà di cannabis, ognuna con specifiche caratteristiche di sviluppo, sapori ed effetti. I coltivatori che vivono in climi temperati sono abbastanza fortunati da avere la possibilità di coltivare praticamente qualunque varietà necessitino, mentre quelli che vivono in climi più freddi e con stagioni dello sviluppo più corte hanno una scelta limitata a varietà forti e dalla fioritura veloce. La varietà che selezioni dev'essere in linea con i risultati a cui aspiri. Se il tuo principale obiettivo è quello di un raccolto massiccio, allora punta a un assortimento di Sativa, che può facilmente superare i 3 metri di altezza e produrre chili di raccolto.

La varietà che selezioni dev'essere in linea
con i risultati a cui aspiri.

Se vuoi coltivare piante in grado di produrre un effetto mitigante e rilassante, allora un'Indica pura o un ibrido a prevalenza Indica è ciò che fa al caso tuo. Alcune varietà sono anche state preparate per fiorire specificatamente all'esterno. Nel caso tu viva in una zona dal clima più rigido e con meno presenza di luce, o se hai bisogno di impostare e concludere il ciclo di crescita il più velocemente possibile, allora una varietà auto-fiorente sarà l'ideale. Le varietà auto-fiorenti non necessitano dell'occasionale cambio di illuminazione per iniziare a fiorire, e possono tollerare temperature più fredde; questo perché contengono qualità ereditate dalla sottospecie di cannabis Ruderalis, che si è adattata a vivere nella tundra dell'Asia centrale.

10.9. Selezioni Più Importanti di Semi e Cloni

Ci sono due modi diversi per iniziare a coltivare cannabis. Uno di essi è dotarsi dei semi che si desidera coltivare e farli fiorire. Coltivare partendo dai semi garantisce un'ereditarietà unica nel suo genere che includerà caratteristiche delle cultivar sia maschio che femmina utilizzati per ottenere la varietà.

Un possibile rischio legato all'utilizzo di semi è che puoi finire con un maschio che non produce buoni boccioli e che fertilizzerà le femmine in ogni occasione che si presenterà. Una possibile soluzione consiste nel comprare semi femminizzati, che hanno una probabilità di gran lunga maggiore di produrre piante femmine.

L'altra opzione è quella di coltivare con i cloni. Un clone è una parte della pianta di cannabis che produce un duplicato della pianta madre ereditariamente indistinguibile. Ciò può essere utile perché permette ai produttori di ricreare caratteristiche desiderabili. Clonare attenuerà anche le caratteristiche negative come, per esempio, le malattie.

10.10. Coltivazione nel Terreno o in Recipienti Artificiali

Le piante outdoor vengono coltivate nel terreno. Possono essere coltivate in contenitori o in aiuole sollevate o ancora nei campi. Ognuno di questi metodi presenta pro e contro, e non ce n'è uno migliore dell'altro. La coltivazione in vasi permette di contenere le dimensioni delle piante secondo i bisogni del coltivatore: più grande il vaso, ovviamente, più grande sarà la pianta; e viceversa. Coltivare in vasi può essere particolarmente utile anche se devi spostare le tue piante a causa di un'eccessiva ondata di calore, eccessive precipitazioni o temperature fredde che potrebbero presentarsi alla fine della stagione dello sviluppo. È anche semplice garantire la sfrondatura delle piante che si avvicinano al suolo, poiché l'area circostante non avrebbe il terreno ideale per lo sviluppo delle piante. Il lato negativo del coltivare la cannabis in vaso è che le piante sono propense allo sversamento in presenza di forti folate di vento. Richiedono anche più attenzione perché ricevono poca acqua e supplementi. Coltivare nel terreno, d'altra parte, permette alle radici di estendersi più in profondità e assorbire maggiori quantità di supplementi e acqua. Questo contesto più favorevole, inoltre, rende le piante più resistenti al vento e alle intemperie. Nel terreno, poi, è presente un'ampia varietà di vita microbiotica buona, con organismi estremamente importanti nel mantenimento delle tue piante in salute. Lo svantaggio principale della coltivazione direttamente nel terreno è l'impossibilità di spostare le piante in periodi laddove il clima dovesse diventare sfavorevole.

10.11. Procurarsi il Terreno Perfetto

Il terreno è uno strumento essenziale per la coltivazione outdoor. La qualità del terreno può cambiare molto in base a cosa vi è stato coltivato in passato e a che tipo di contaminazione o utilizzo è stato esposto.

Essenzialmente, esistono cinque tipi di terreno. Tutti i terreni sono però composti da tre elementi fissi: sabbia, scarto e terra. Sono le proporzioni variabili di ognuno di questi elementi che determinano il tipo di terreno. I cinque tipi di terreno sono i seguenti:

- limaccioso: regolare, mantiene bene l'acqua, generalmente fruttuoso, particelle piccole, infiltrazione debole;
- terra: appiccicoso, circolazione dell'aria debole, conservativo, particelle piccole, mantiene bene l'acqua;
- sabbia: abrasiva, infiltrazione veloce, non regge i supplementi;

- salino: si trova in luoghi asciutti, carico di sali, ha una superficie bianca;
- torboso: dal colore terroso opaco/scuro, pieno di materie naturali, acido.

Se stai iniziando a coltivare in vasi o aiuole, puoi comprare un mix di preparazione contenente supplementi a sufficienza per i lunghi periodi di sviluppo iniziali.

Il terreno sarà in questo caso un mix delle tipologie summenzionate. Se decidi di coltivare invece il tuo terreno, dovresti assicurarti che questo non sia stato precedentemente deprivato di supplementi. In generale, se ha un bell'aspetto, sentiti libero di usarlo!

Se stai iniziando a coltivare in vasi o aiuole, puoi comprare un mix di preparazione contenente supplementi a sufficienza per i lunghi periodi di sviluppo iniziali.

Se stai coltivando semi auto-fiorenti, tieni conto che preferiscono un tipo di terreno alternativo alla varietà fotoperiodica. Gli autofiorenti amano l'aria che circola e il suolo libero da troppi supplementi. In questo caso puoi acquistare un terreno premiscelato o preparare un mix con metà terreno e metà perlite/torba di cocco.

10.12. Mantenere l'Equilibrio del pH

Ricordi il pH, o "intensità di idrogeno", dalle lezioni di scienze?

Questa scala logaritmica è utilizzata per stabilire la nitidezza, l'alcalinità e la neutralità di un particolare composto. Tutti i terreni hanno un pH pregiato che può essere misurato usando strisce di carta testanti o test del pH. Se vuoi avere piante robuste, assicurati di mantenere il pH del terreno all'interno di un intervallo definito.

Il pH va da 1 a 14.

1-6 dimostra rilevamenti acidi, 7 è neutro, e 8-14 dimostra rilevamenti basici. La cannabis prospera in un terreno tendenzialmente più acido e si trova bene a 6.0-7.0. Nel caso tu scopra che il tuo terreno possiede un pH eccessivamente alto, hai bisogno di includere scarti naturali, zolfo o torba per risolvere il problema. Se il pH è eccessivamente basso, prova ad includere lime e scarti del legno.

1-6 dimostra rilevamenti acidi, 7 è neutro, e 8-14 dimostra rilevamenti basici. La cannabis prospera in un terreno tendenzialmente più acido e si trova bene a 6.0-7.0.

10.13. Una Tecnica Efficace per Innaffiare la Cannabis

L'acqua è una parte fondamentale per la continuità della vegetazione; tuttavia, troppa potrebbe danneggiare la coltivazione e persino ucciderla. L'innaffiamento eccessivo è un errore tipico dei coltivatori principianti, che risulta in patologie delle piante come, per esempio, il marcimento delle radici. Nel caso della coltivazione outdoor, le precipitazioni rendono più arduo controllare con precisione quanta acqua le piante stanno ricevendo. Se vivi in una regione caratterizzata da forti precipitazioni, potresti dover trovare riparo alle piante potate così da garantire loro filtrature adeguate. In casi simili, prendi in considerazione la possibilità di coltivare su aiuole rialzate. Per l'innaffiamento di piante potate, le linee guida generali prevedono di aspettare che i primi 2,5 cm di terreno siano asciutti prima di innaffiare di nuovo.

10.14. Le Piante di Cannabis Necessitano di Quantità di Nutrienti Equilibrate

Le piante di cannabis hanno necessità specifiche di supplementi durante le varie fasi dello sviluppo. I supplementi sono requisiti indispensabili per i processi fisiologici delle piante e, alla fine, contribuiscono a generare un raccolto ideale. Troppo pochi supplementi creeranno inadeguatezze che possono rallentare lo sviluppo e danneggiare le piante, mentre un eccesso di supplementi può consumare le radici ed essere similmente d'ostacolo.

Ci sono tre supplementi essenziali, conosciuti come macronutrienti, di cui la cannabis ha bisogno. Insieme, questi supplementi sono conosciuti come N-P-K, e possono essere trovati all'interno di molte miscele di preparazione presenti in commercio. Essi dovrebbero essere introdotti in specifiche proporzioni, diverse volte durante il ciclo di sviluppo.

Durante la fase vegetativa, il periodo prima della fase di fioritura in cui la pianta produce solo foglie, le piante necessitano di livelli significativi di azoto, medi livelli di fosforo e alti livelli di potassio. Durante la fase di fioritura, questi cambiamenti necessitano di bassi livelli di azoto, medio-alti livelli di fosforo e livelli significativi di potassio. Anche le piante hanno bisogno di micronutrienti come, per esempio, calcio, magnesio, zolfo, ferro, manganese, boro, molibdeno e zinco.

I coltivatori possono mischiare le quantità dei loro supplementi, tuttavia il metodo più semplice ed efficace è di comprare ricette già fatte, che sono tutt'altro che difficili da utilizzare e preparate specificamente per le fasi del ciclo di sviluppo.

Una quantità considerevole di questi supplementi è adatta a vasi e diversi contenitori. Nel caso tu stia coltivando nel terreno o su aiuole rialzate, prendi in considerazione di creare il tuo fertilizzante a casa. Accumula scarti di cucina e detriti, con proporzioni di 2 parti di materia dal colore terroso (carbonio) e 1 parte di materia verde (azoto). A lungo andare, i microorganismi separeranno questo composto naturale in particelle accessibili alle piante sotto forma di supplementi. Dovrai capovolgere l'accumulo ogni tanto per velocizzare il processo. Gli accumuli di fertilizzante produrranno principalmente materia pronta all'uso dopo circa sei mesi.

10.15. Proteggi le Tue Piante da Parassiti e Funghi

Probabilmente la più grande sfida della coltivazione outdoor è l'insieme di tutte le creaturine che considerano le tue piante una leccornia. Ci sono molte specie parassite distruttive, dalle afidi e gli insetti striscianti, alle mosche bianche e moscerini della frutta. Ma esistono diversi approcci per tenerli lontani ed evitare che danneggino le tue piante e probabilmente diminuiscano il raccolto. Utilizzare pesticidi è uno di questi, ma il danno che queste sostanze causano alla natura e alla salute dell'essere umano non meritano il compromesso. Inoltre, finiresti per fumarle. Una scelta migliore è quella di ricorrere a metodi più naturali. Questi includono, per esempio, l'utilizzo di altre piante che uccidono gli insetti. Tali piante, coltivate in prossimità della cannabis, attirano insetti "utili" e scoraggiano quelli dannosi.

Anche i funghi possono essere pericolosi per le piante di cannabis. Per prevenirli, ci si può attrezzare per contrastare l'aria stantia, le temperature fredde e l'umidità. Utile, a questo riguardo, è coltivare in una zona arieggiata.

Alcuni funghi possono essere trattati con spruzzi fogliari, anche se il modo migliore per tenere lontano questo problema è adottare ulteriori contromisure.

10.16. Vuoi Evitare di Attirare Sospetti? Prova la Coltivazione Guerrilla

Sei troppo preoccupato a pensare di coltivare cannabis nel tuo vivaio a causa di un divieto? Hai bisogno di nascondere la tua coltivazione dagli sguardi indesiderati? Se così fosse, prendi in considerare la coltivazione guerrilla. Questa consiste nel piantare i semi o portare i germogli in una zona naturale distante. Numerosi coltivatori guerrilla decidono di portare le loro piante in boschi o campi.

Quanto finora detto vale anche per questo tipo di coltivazione. Un buon punto di coltivazione deve avere la presenza di luce ottimale ed essere vicino a una buona sorgente d'acqua come, per esempio, un fiume o un lago. La zona dovrebbe anche essere abbastanza lontana da limitare le probabilità che qualcuno la scopra, ma abbastanza vicina a te da darti la possibilità di visitarla per controllare e curare le tue piante di cannabis.

La varietà scelta è un altro fattore importante. Sono necessarie forti qualità ereditarie a causa delle condizioni più rigide. Per esempio, le qualità Northern Light, Quick One e Royal Jack Automatic, sono le varietà migliori se vivi in una zona con condizioni di coltivazioni non proprio positive. Non potendo controllare la terra con la frequenza tipica delle coltivazioni all'interno, i coltivatori outdoor hanno bisogno di proteggere le loro piante da tempeste e altri eventi climatici che potrebbero danneggiare o persino uccidere le piante.

10.16.1.   Cambi di Temperatura

Temperature sotto i 4,5°C possono danneggiare velocemente la maggior parte delle varietà di cannabis, quindi, nel caso tu viva in una zona in cui è comune il verificarsi di gelate, ricorri a una zona recintata e protetta.

10.16.2.   Condizioni del Vento

Venti forti possono rompere i rami e stressare eccessivamente le tue piante. Nel caso la tua coltivazione sia situata in una zona particolarmente ventosa, o nel caso siano previsti fenomeni atmosferici intensi, installa un frangivento attaccando dei teli di plastica a paletti intorno alle piante.

10.16.3.   Pioggia

Anche se generalmente sono di aiuto alla tua coltivazione, una precipitazione è più che altro vista dai coltivatori di cannabis come un disturbo. Può seriamente danneggiare il tuo raccolto e causare deformazioni e funghi. In particolare, le tue piante in fioritura non necessitano precipitazioni. Per proteggertene, puoi utilizzare teli di plastica e paletti per erigere un rifugio impermeabile sulle tue piante.

10.16.4.   Parassiti

Proteggere le tue piante da parassiti può essere una sfida. A seconda di dove vivi, potresti aver bisogno di tenere sotto controllo grandi animali come i cervi, costruendo una recinzione attorno al tuo raccolto. In ogni caso, la sfida più ardua è quella di gestire l'enorme varietà di animaletti striscianti e volanti che possono assalire le tue piante. Il modo migliore per farlo consiste nel mantenere robuste le tue piante.

È altrettanto intelligente tenere le tue piante di cannabis separate da altri germogli, vegetali o ornamentali, poiché i parassiti possono diffondersi tra loro senza troppi problemi. Dai un'occhiata alle tue piante di cannabis un paio di volte alla settimana, facendo attenzione alla presenza di parassiti. Un'invasione è molto più semplice da gestire se contrastata subito. Ci sono numerosi pesticidi naturali specifici per la cannabis; in alternativa, fai in modo che la tua coltivazione si popoli di insetti benigni. Dovresti adesso avere abbastanza informazioni per avviare al meglio la tua coltivazione di cannabis outdoor. Coltivare piante è un'attività di svago, affascinante e appagante, quindi ricorda, investi molte energie sulle tue piante e divertiti!

Assicurati di mantenere le tue piante robuste. Piante di cannabis grandi e robuste hanno caratteristiche di protezione da parassiti che rendono le piccole invasioni facili da gestire. È altrettanto intelligente tenere le tue piante di cannabis separate da altri germogli, vegetali e ornamentali, poiché i parassiti possono diffondersi tra loro senza troppe difficoltà.

11

TECNICHE DI GERMINAZIONE
E RACCOLTA

La germinazione della cannabis è la via per permettere ai tuoi semi di germogliare; realizzerai che la germinazione è avvenuta quando un piccolo anello bianco spunterà fuori dal seme.

La prima struttura che fuoriesce dal seme è conosciuta
come radice fittonante. Ha l'aspetto di un anello
bianco. Questo è il precursore di tutte le
parti della radice della tua pianta.

La radice fittonante – e probabilmente un paio di piccoli rami precoci della radice – diventerà sempre più lunga, spingendo il seme verso l'alto e, una volta che il guscio sarà uscito, le foglie principali (queste prime foglie sono chiamate "cotiledoni") fuoriusciranno dal seme della pianta.

I cotiledoni saranno a quel punto parte della struttura della pianta, un organismo sottosviluppato all'interno del seme stesso, in modo che i germogli della cannabis non abbiano bisogno di svilupparli. In effetti, lo sviluppo delle prime foglie è ciò che rompe e separa il guscio dopo che è stato esposto dalla radice fittonante, come qui descritto.

Il sistema di foglie successivo ai cotiledoni rappresenta le prime foglie "valide" della tua pianta, che hanno bordi pungenti (dentatura). Ad ogni modo, sono le foglie principali che i tuoi germogli di cannabis hanno sviluppato completamente da soli, diversamente dai cotiledoni che sono stati sviluppati dal seme.

Esistono dei requisiti base per la germinazione del seme, che includono la presenza di aria, buio e umidità. Di seguito presenterò numerose strategie per germinare i tuoi semi. Le tecniche più ampiamente riconosciute e le meno difficili includono l'utilizzo di tovaglioli di carta imbevuti d'acqua.

Per Questa Tecnica Avrai Bisogno di:

1. due piatti puliti;
2. tovaglioli di carta;
3. semi.

- Prendi quattro pezzi di tovaglioli di carta e imbevili di acqua raffinata o filtrata (la carta va imbevuta ma non ci dev'essere troppa acqua che cola);
- prendi due dei tovaglioli di carta e posizionali su un piatto. A quel punto metti i semi di cannabis a 2,5 cm di distanza l'uno dall'altro e coprili con gli altri due tovaglioli di carta imbevuti d'acqua;

- per creare uno spazio buio e sicuro, prendi un altro piatto e rovescialo a coprire i semi;

- assicurati che il luogo in cui si trovano i semi sia caldo, intorno ai 21-32°C;

- a questo punto, puoi fermarti. Controlla i tovaglioli di carta di tanto in tanto per assicurarti che siano imbevuti, e, se sembra che abbiano perso umidità, puoi sempre aggiungere dell'altra acqua.

Alcuni semi germinano più velocemente, mentre altri possono impiegare un po' di giorni. Capirai che sono germinati quando il seme si sarà aperto e un singolo germoglio sarà visibile.

Questa sarà la radice fittonante, che finirà per essere il fusto principale della pianta e la cui presenza è indicativa di una germinazione fruttuosa. È fondamentale mantenere questa zona sterile, quindi non avere contatti con il seme o con la radice fittonante. Quando la radice fittonante diventa visibile, quello è il momento ideale per spostare il tuo seme germinato nel mezzo di coltivazione. Piccoli vasi da 5 cm sono una buona base di partenza.

Riempi i vasi con terriccio da giardinaggio e scavaci al centro un piccolo buco. Per prendere il seme, utilizza un paio di pinze e inseriscilo nel buco con la radice fittonante rivolta verso il basso. Cospargila delicatamente con il terreno.

Dopodiché dovrai innaffiare la pianta. All'inizio utilizza un innaffiatoio a doccia per dare umidità senza bagnare eccessivamente il suolo. Non innaffiare eccessivamente perché ciò potrebbe soffocare e uccidere i delicati germogli. Concentrati sulla temperatura e sull'umidità del terreno per mantenere il seme in salute, e in una settimana circa dovresti vedere i germogli iniziare a svilupparsi.

Coltivare semi generalmente non va come previsto. Alcuni semi saranno difettosi, altri impiegheranno più tempo per germogliare, altri ancora si apriranno e si svilupperanno velocemente.

11.1. Terreno

Puoi usare piccoli o grandi vasi. In questo modo eviterai anche il trapianto dei semi in un altro recipiente dopo la germinazione. Si tratta di un metodo abbastanza semplice ed efficace.

11.2. Tovagliolo di Carta Umido

Se puoi mantenere l'idratazione, l'umidità e la temperatura del tovagliolo di carta per alcuni giorni e allo stesso tempo mantenerlo al buio, puoi usarlo per la germinazione dei semi. Questa può solitamente essere ottenuta coprendo il tovagliolo bagnato con una busta di plastica o un piatto.

11.3. Acqua

Se tieni i semi in una fonte d'acqua ricca di nutrienti, essi possono germogliare in una settimana circa, e potrai poi piantarli nel terreno.

11.4. Stazioni di Germinazione

Le stazioni di germinazione offrono viscosità, controllo della temperatura e possono velocizzare i tempi di germinazione; questo fino al momento in cui le tue piante hanno rotto la superficie e i cotiledoni hanno perso il guscio seme o si sono aperti per scoprire la composizione primaria della radice fittonante.

12

TECNICHE DI RACCOLTA

Il passo finale del tuo lungo e arduo viaggio nella coltivazione della cannabis è la raccolta. Molti principianti credono che le pepite cadranno automaticamente dal ramo. A quel punto dovranno solo raccoglierle, schiacciarle e cominciare a fumare. Non è esattamente così!

I boccioli di un pianta di cannabis femmina normale e matura hanno un mix di foglie della chioma/zuccherose/acquose. Puoi potare i boccioli usando delle forbici. All'inizio può sembrare stancante, ma una volta che ci si abitua diventa piacevole. Le foglie acquose devono essere separate perché contengono molto meno THC. Le foglie della chioma sono lunghe e verdi, mentre quelle zuccherose sono corte. Ci sono persone che usano anche le foglie zuccherose, ma i più non lo fanno.

All'inizio può sembrare stancante, ma una volta che ci si abitua diventa piacevole. Le foglie acquose devono essere separate perché contengono molto meno THC.

La maggior parte di noi è interessata ai boccioli che contengono più THC. Le foglie zuccherose possono essere usate per produrre burro alla cannabis (cannabutter). Dopo averli tagliati, i boccioli vengono appesi per circa una settimana così che si essicchino. Essicca i tuoi boccioli in un luogo semibuio, fresco e con poca umidità. Idealmente, questa procedura dovrebbe impiegare almeno quattordici giorni.

La maggior parte di noi è interessata ai boccioli che contengono più THC. Le foglie zuccherose possono essere usate per produrre burro alla cannabis (cannabutter).

Controlla frequentemente per evitare l'eccessiva seccatura o la deformazione. Quando secchi, i rami più delicati si spezzeranno, mentre quelli più spessi diventeranno in qualche modo malleabili. La clorofilla si sarà corrosa e la coltura verde sarà stata sostituita dalle sfumature delle specie subordinate: striature beige, verde chiaro o persino blu scuro e viola, possono svilupparsi man mano che i boccioli si seccano e creare sfumature genuine.

Dopo due settimane puoi conservare i boccioli essiccati in un barattolo per l'uso futuro. Apri il coperchio o dai qualche colpetto al barattolo una volta al giorno per i primi quattordici giorni. Questo permette alla cannabis di sviluppare una viscosità proveniente dai tuoi boccioli. Quando i germogli sono asciutti al tatto, dai dei colpetti al barattolo una volta a settimana.

Apri il coperchio o dai dei colpetti al barattolo una volta al giorno per i primi quattordici giorni. Questo permette

---

> alla cannabis di sviluppare una viscosità proveniente
> dai boccioli.

Puoi prendertene cura per il tempo che vuoi. Ricorda che i mix psicotropici si asciugano e si *convertono* quando propriamente liberati. In condizioni ideali, ci vorrà fino a un mese e mezzo. Più il periodo di essiccazione viene prolungato, più ottimale è l'esito. Tieni i contenitori in un luogo fresco e con poca luce. Il THC si separa in diversi cannabinoidi dopo qualche tempo di esposizione alla luce. Nel caso tu sia incerto della secchezza del tuo bocciolo, testa i tuoi prodotti mentre si asciugano. La cannabis essiccata generalmente non sembra completamente asciutta a causa della cerosità della pece. Acquisirai competenza col passare del tempo. Sfruttare al massimo la tua cannabis prodotta in casa non è problematico. Il sapore dei tuoi boccioli migliorerà con il tempo, devi solo avere pazienza.

La cannabis essiccata generalmente non sembra completamente asciutta a causa della cerosità della pece. Acquisirai competenza col passare del tempo. Sfruttare al massimo la tua cannabis prodotta in casa non è per niente problematico.

13

SUGGERIMENTI E TRUCCHI PER LA COLTIVAZIONE INDOOR DELLA CANNABIS

A questo punto, dopo aver imparato ogni singolo aspetto della coltivazione di cannabis e averne svelato tutti i misteri, vorrei condividere con te alcuni suggerimenti e trucchi importanti e scientificamente provati nel corso degli anni. Voglio assicurarmi che la tua coltivazione di cannabis sia un'esperienza perfetta.

- Coltivare cannabis è insidioso, anche un piccolo cambiamento può fare molta differenza; quindi presta attenzione a tutti i dettagli per goderti il meraviglioso aroma della tua marijuana.

- La scelta del terreno per le tue piante è molto importante per ottenere una cannabis di qualità.

- Attenersi alle, e rispettare le, fasi vegetativa e di fioritura della coltivazione della cannabis gioca un ruolo enorme nella qualità e quantità dei boccioli. Hai bisogno di tenere a mente i cicli solari se coltivi all'esterno, e controllare i cicli di luce/buio se coltivi all'interno.

- Ti suggerisco di tenere un registro della tua coltivazione; questo ti permetterà di capire i pro e i contro delle tue diverse azioni durante la coltivazione.

- Documentati sulle condizioni climatiche della tua zona, sulla durata della luce e sui fattori di sicurezza: tutto questo ti aiuterà ad ottenere ciò che vuoi.

- Preparare il terreno con fertilizzanti naturali è molto meglio che fare uso di fertilizzanti commerciali; preparare il terreno circa quattro settimane prima di coltivare e poi averne cura, farà la differenza.

- Tieni a mente cosa stai coltivando! Se non conosci i requisiti della particolare varietà che stai coltivando, non potrai ottenere una marijuana di qualità.

- Dopo la selezione del seme hai bisogno di lasciarlo germinare; assicurati che questo passaggio sia impeccabile.

- Diverse varietà si comportano diversamente, quindi seleziona una varietà che si adatti meglio al tuo ambiente; ci sono varietà diverse per le coltivazioni indoor e outdoor, ed esse variano in base alle diverse zone del mondo.

- Ti suggerisco di mantenere il processo di germinazione all'interno; dopo la germinazione, tieni le piante all'interno per alcuni giorni per permettere loro di attraversare le più importanti fasi iniziali dello sviluppo vegetativo. Dopodiché puoi spostarle all'esterno nel terreno o nei vasi.

- Ti suggerisco di abituare le tue piante all'ambiente esterno prima di spostarle fuori permanentemente. Questo può essere fatto tenendole all'esterno prima per alcune ore, e aumentarne gradualmente la durata. In questo modo le tue piante di cannabis si abitueranno all'ambiente esterno naturale e potrai piantarle lì permanentemente.

- Il metodo migliore per capire quando raccogliere le piante outdoor è controllarle; presumibilmente, avrai bisogno di una lente d'ingrandimento. Ci sono due cose che devi controllare con attenzione quando i boccioli si stanno avvicinando alla fine del loro periodo di fioritura:

  o la sfumatura dei pistilli (protuberanze pelose dei boccioli);
  o la sfumatura dei tricomi (minuscoli cerchi resinosi simili a pietre preziose che rivestono i boccioli).

  o I pistilli inizieranno gradualmente a cambiare sfumatura da bianco a rosa pallido, terroso. Se hai bisogno di raccogliere quando i livelli di THC sono al loro massimo, allora il 60% dei pistilli deve essersi scurito e annidato nei boccioli. Se hai bisogno di raccogliere quando i livelli di CBN sono al loro massimo (per gli effetti più tranquillizzanti e meno psicoattivi), dovresti aspettare che il 70-90% dei pistilli si siano scuriti e girati verso l'interno.

Potresti anche controllare i tricomi per valutare se sia il momento di raccogliere o no. Nel momento in cui le tue piante iniziano a sviluppare questi tricomi resinosi, dovresti poterli notare con la lente d'ingrandimento. Essi cambieranno gradualmente da una sfumatura chiara a una dorata/brillante; questo è il momento in cui i livelli di THC sono al loro massimo. Quando circa il 30% dei tricomi si sarà dorato, allora è il momento ideale per raccogliere. Se i tricomi diventano opachi o avvizziscono, la finestra di raccolta ideale è passata.

14

ERRORI COMUNI DA EVITARE NELLA COLTIVAZIONE DELLA CANNABIS

Ci sono alcune ragioni per cui diciamo che la cannabis si sviluppa come un'erbaccia; è impetuosa, forte e non ha bisogno di quasi nessuna manutenzione per prosperare. Senza considerare che ci sono errori che persino i coltivatori esperti di cannabis possono compiere una volta ogni tanto.

È tutto fuorché difficile immaginare che lo sviluppo della cannabis avvenga normalmente. In ogni caso, semplicemente coprire i semi del terreno e permettere a Madre Natura di fare qualcosa di straordinario non consentirà un buon raccolto. Se hai bisogno di sviluppare i tuoi semi di cannabis, che sia all'interno o all'esterno, devi comprendere ciò che è opportuno. Molti iniziano la coltivazione della cannabis con entusiasmo. Tuttavia, quando arriva il momento della raccolta, sono generalmente sopresi dall'aver ottenuto solo un paio di boccioli. Il raccolto fallito, generalmente, è una conseguenza di passi falsi semplici ed evitabili. Per esempio, le piante di cannabis necessitano di supplementi e pH, che molti coltivatori ignorano.

14.1. Selezione di un Terreno con Nutrienti non Adeguati

Ci sono composti particolari e specifici tipi di terreno che sono migliori per la coltivazione di cannabis. Purtroppo, molti coltivatori novizi non ne sono a conoscenza, il che li porta all'acquisto di qualunque fertilizzante che ritengano sia l'ideale. Bisogna invece sapere la quantità specifica di ciascun supplemento che la tua pianta di cannabis necessita durante quella specifica fase del ciclo. Il terreno potrebbe essere perfetto per pomodori, peperoni e mais, ma magari non per la cannabis. Per permettere alla tua cannabis di prosperare, hai bisogno di equalizzare i supplementi che il terreno probabilmente non possiede. La tua terra deve completare la pianta con i corretti supplementi durante ogni fase del suo ciclo. Il tipo di supplementi che la tua pianta necessita dipende dalla varietà di cannabis che stai coltivando. Chi coltiva una varietà auto-fiorente non necessiterà di molti supplementi per il terreno, al contrario di chi coltiva varietà fotoperiodiche. Il livello di pH corretto è altrettanto fondamentale; con i livelli di pH ideali non ci sarà una mancanza di supplementi, poiché le piante avranno l'opzione di assorbire i supplementi dal terreno. Il corretto livello di pH può evitarti di affamare o sovraccaricare la tua pianta. Come indicato da una ricerca dell'Università Statale del Nord Carolina, il pH della cannabis cambia a seconda della varietà.

Presta anche attenzione alla superficie del tuo terreno; esso avvinghia la pianta, quindi dev'essere in grado di reggerla bene e favorirne lo sviluppo. Tieniti lontano da terreni molto densi, che non permetteranno l'infiltrazione di acqua, ossigeno e supplementi.

14.2. Ignorare Ciò che Si Sta Coltivando

Fai qualche ricerca sulla varietà che stai coltivando allo scopo di riprodurre le sue condizioni indoor o outdoor ideali. A meno che la tua varietà non abbia necessità particolari, la temperatura ideale dovrà aggirarsi di giorno intorno ai 24°C, e tra i 13-18°C per le ore serali. Controlla anche l'umidità, mantenendola intorno al 60% durante la fase vegetativa della pianta, ed abbassandola al 40% quando la pianta sta fiorendo.

14.3. Eccessivo o Scarso Innaffiamento

Le tue piante hanno sì bisogno d'acqua, ma troppa può soffocarne le radici e danneggiare il tuo raccolto. Allo stesso modo, scarsa o abbondante umidità nel suolo può causare la marcitura delle radici.

14.4. Raccolta Prematura

Raccogliere troppo presto è un errore che ti costerà caro in termini di dimensioni e forza dei tuoi germogli. Aspetta che il processo di fioritura sia concluso e che i tricomi siano gonfi prima di iniziare la raccolta.

14.5. Ambiente Sfavorevole

Dovresti avere piena comprensione dei cambi di temperatura e di umidità nel tuo ambiente circostante. La tua pianta di cannabis non prospererà in un ambiente troppo caldo o troppo freddo. Con temperature gelide non si svilupperà bene, e temperature eccessivamente calde innescheranno stress da calore. Se il calore dovesse continuare, le piante potrebbero finire per morire. Nonostante la cannabis possa sopportare condizioni estreme, sarebbe meglio evitarle di affrontare questa sfida. Coltivare le tue piante ad una temperatura adeguata è la migliore soluzione. L'umidità circostante dev'essere controllata regolarmente; i funghi prosperano con l'umidità e possono influenzare pesantemente lo sviluppo della pianta.

14.6. Spreco di Energie sulla Varietà Sbagliata

Un tuo amico ti ha offerto alcuni semi di cannabis e tu li hai piantati senza esitazione? Questo potrebbe essere un terribile sbaglio, perché la qualità dei semi potrebbe essere scarsa. Hai scoperto alcuni semi in un'erba che hai acquistato? Piantarli è un'altra cattiva mossa.

Procurati invece i semi da una fonte affidabile. Con ottimi semi, tutti gli sforzi e gli strumenti per cui spendi risorse ti offriranno un ottimo raccolto e i risultati ottenuti ti ripagheranno degli sforzi.

14.7. Mancata Attesa del Tempo di Raccolta!

Anche se hai fatto tutto correttamente, dalla germinazione alla fase di fioritura finale, un singolo passo falso in fase di raccolta potrebbe compromettere tutto il processo. Aspetta dunque il periodo più opportuno!

C'è un modo per capire quando è il momento ideale per raccogliere, che è quello che coincide con la presenza di molti tricomi simili a funghi sul bocciolo. Controlla la tonalità con uno strumento di ingrandimento, il che ti dirà quando è arrivato il momento di raccogliere. Concentrati in particolare sui seguenti aspetti:

- tricomi evidenti indicano che manca ancora molto alla raccolta;
- tonalità bianca/cupa dei tricomi: buon segno, indica la produzione di THC. In ogni caso, aspetta ancora un po';
- tricomi bianchi/cupi con piccoli segmenti che sono diventati dorati/blu: è il momento ideale per raccogliere;

- se la maggior parte dei tricomi diventa dorata o rossa, con pochi (o nessuno) che resta bianco, fai attenzione, potresti aver sbagliato qualcosa.

15

CAPITOLO BONUS: CONSIGLI
PER GLI ACQUISTI

Siamo giunti al termine di questa guida. Spero vivamente, anzi sono certo, che grazie ai miei consigli e ai metodi che hai potuto imparare, le tue piante saranno perfette, da far invidia ad un esperto coltivatore come me.

Prima di concludere, però, vorrei consigliarti alcuni utensili e strumenti che aiuteranno, e non di poco, la rigorosa crescita delle tue piante. Strumenti che userai per tagliare e proteggere le piante dai problemi ambientali e dell'area di coltivazione.

Lenti di ingrandimento, bicchieri per grow room, lettori di pH, yoyo, monitor ambientali, nug shot, kit di irrigazione, area di essiccazione, forbici e vassoi di raccolta. Tutti questi strumenti essenziali vengono utilizzati per monitorare i cambiamenti climatici e tagliare e raccogliere correttamente le piante.

Con l'attrezzatura essenziale adeguata, puoi ottenere il massimo rendimento dalle tue piante di marijuana.

1. Lente di ingrandimento

Individuare quando le gemme, i boccioli di marijuana sono maturi, sarà la tua preoccupazione primaria. A tal proposito sarà importante osservare nel dettaglio il colore dei tricomi.

Le lenti LED sono considerate le migliori lenti di ingrandimento per monitorare i tricomi.

I tricomi cristallini, quando diventano scuri con sfumature ambrate, si presume che i boccioli siano abbastanza maturi per il raccolto.

Inoltre ti serviranno per tenere alla larga gli insetti, anche quelli che senza una lente potresti non vedere.

Proteggi le tue piante, assicurati di avere una potente lente di ingrandimento LED con il giusto rapporto qualità-prezzo.

2. Yo-yo

Con uno yo-yo per piante puoi sostenere il peso delle tue cime. Alcune piante di cannabis possono produrre cime lunghe che diventano pesanti anche per la pianta stessa e cedono. Potresti sostenerli con una corda o un filo, ma si deformerà anche con una sensazione spiacevole.

Questo strumento è utile soprattutto nella coltivazione in serra o in tenda. Ma può tornare utile in qualsiasi contesto.

3. pHmetro

Come ormai sai, il monitoraggio del pH della terra è molto importante per una migliore crescita delle tue piante di marijuana.

Sarà un must per il tuo lavoro.

4. Termometro, misuratore di umidità

Questo semplice strumento può salvare le tue piante e non ti pentirai di spendere solo pochi euro. Potrai misurare la temperatura e l'umidità interne ed esterne.

Le tue piante di marijuana hanno bisogno di diversi livelli di temperatura e umidità durante le fasi di germinazione, semina, vegetativa e fioritura. Avere questo strumento essenziale ti aiuterà a regolare la temperatura e l'umidità nelle condizioni interne in base alle esigenze delle tue piante.

5. Ganci per le luci

Se stai coltivando in casa, potresti aver bisogno di appendere le luci e questo semplice strumento può aiutarti a raggiungerlo senza alcuna difficoltà

6. Irrigatore automatico

Sai bene quanto sia importante calibrare l'acqua che dai alle tue piante. Questa è la principale causa che fa morire le piante dei coltivatori principianti.

Questo semplice ma importantissimo strumento tiene traccia del fabbisogno idrico della tua pianta e potrai programmare l'irrigazione.

7. Rete per essicazione

Sarebbe utile essiccare le cime dopo la raccolta e questo semplice strumento ti aiuterà a realizzare questo semplice passaggio con facilità.

8. Forbici da rifinitura a punta curva

Non vuoi che le foglie morte rimangano sulle tue piante, giusto?

Devi anche addestrare le tue piante a distribuire il peso dei boccioli in maniera equlibrata. Avere questo semplice strumento nel tuo kit può aiutarti a raggiungere questo obiettivo con facilità ed è utile anche per raccogliere i boccioli.

9. Lo strumento più costoso: lampade LED

Ci sarebbe da fornire un elenco troppo lungo delle varie lampade di cui potresti aver bisogno per la coltivazione delle tue piante.

Sappi che non è un aspetto che puoi ignorare. I cicli di luce e buio sono vitali per le tue piante.

www.ingramcontent.com/pod-product-compliance
Lightning Source LLC
Chambersburg PA
CBHW070349220526
45467CB00001B/306